原本 四字小學

附録1 ● 朱子家訓
附録2 ● 童蒙須知
附録3 ● 故事成語

目 次

原本 四字小學 ……………………………………… 三

附録1●朱子家訓 …………………………………… 六九

附録2●童蒙須知 …………………………………… 九九

附録3●故事成語 …………………………………… 一三五

原本

四字小學

父生我身 하시고

母鞠[1]吾身 하시며

腹以懷[2]我 하시고

乳以哺[3]我 하시며

以衣溫我 하시고

以食飽[4]我 하시니

恩高如天 하시고

德厚似地 로다

아버님이 나를 낳으시고

어머님이 나를 기르시며

배로써 나를 품어 주시고

젖으로써 나를 먹여 기르시며

옷으로써 나를 따뜻하게 하여 주시고

밥으로써 나를 배부르게 하시니

은혜의 높이가 하늘과 같으시고

덕의 두텁기가 땅과 같도다.

爲人子者ㅣ 사람의 아들로 태어나

⑤曷不爲孝리오 어찌 효도하지 않을 수 있으랴?

欲報深恩이나 그 깊은 은혜를 갚고자 하나

⑥昊天罔極이로다 넓은 하늘과 같이 다할 수 없도다.

〔註〕 ① 鞠(국)— 기르다. 양육(養育)하다. 〈詩經〉 母兮鞠我. ② 懷(회)— 품다. 〈楚辭〉 懷瑾握瑜兮. ③ 哺(포)— 먹이다. 먹여 기르다. ④ 飽(포)— 배부르다. 〈論語〉 食無求飽. ⑤ 曷不爲孝(갈불위효)— 어찌 효도하지 않으랴? 「曷」은 「何」와 뜻이 같음. 〈陶潛〉 曷不委心去留. ⑥ 昊天罔極(호천망극)— 부모의 은혜는 넓고 큼이 하늘같이 한(限)이 없음.

父母呼我 시면

부모님께서 나를 부르시면

唯①而趨②之 하며

「예」하고 종종걸음으로 빨리 걸어 가며

有命必從 하고

명령이 있으시면 꼭 따르고

勿逆勿怠 하며

거역하지 말고 게을리 말며

父母責之 라도

부모께서 꾸짖으시더라도

勿怒勿答③ 하라

성내지 말고 대꾸하지 말라.

侍坐親前 하연

모시고 부모 앞에 앉았을 때엔

勿踞④勿臥 하며

무릎을 세우고 앉지 말며 눕지도 말며

侍坐親側하여　부모님을 곁에서 모실 때엔

勿怒責人하며　성내지 말고 사람을 꾸짖지 말며

父母出入엔　부모님이 출입할 적엔

⑤每必起立하라　그 때마다 꼭 일어서야 하다.

〔註〕

① 唯(유)―대답함.「예」하고 대답함.

② 趨(추)―종종걸음으로 빨리 걸음.〈論語〉過之必趨.

③ 答(답)―말 대답을 함.

④ 踞(거)―무릎을 세우고 앉음.〈大戴禮〉獨處而踞.

⑤ 每必起立(매필기립)―출입할 때마다 꼭 일어서다는 뜻.

勿立門中 하고　문 가운데 서지 말고

勿坐房中 하며　방 가운데 앉지 말며

出入門戶① 엔　문호(門戶)를 드나들 적엔

開閉必恭② 하라　문을 여닫을 적에는 꼭 공손히 하라.

③須勿大唾④ 하고　절대로 큰 소리를 내어 침뱉지 말고

亦勿弘言⑤ 하며　또한 큰 소리로 말하지 말며

口勿雜談 하고　입으로는 잡담하지 말고

手勿雜戲⑥ 하며　손으로는 손장난을 하지 말며

行勿慢步⑦ 하고
坐勿倚身⑧ 하며
父母衣服⑨을
勿踰⑩勿踐 하라.

다닐 적에는 방종하게 걷지 말고

앉아 있을 적에는 몸을 기대지 말며

부모님의 의복을

넘거나 밟지 말라.

【註】 ① 門戶(문호)— 집안에 드나드는 곳. ② 恭(공)— 공손함.〈禮記〉

③ 須(수)— 모름지기. 절대로. 명령 또는 결정의 말. 모름지기 手容恭.

④ 唾(타)— 침뱉음.「天唾」는 크게 소리내어 침을 ㅣㅣ하여야 함.

⑤ 弘言(홍언)— 큰 소리로 발함. 뱉음.

⑥ 雜戲(잡희)— 여러 가지 놀이.

⑦ 慢步(만보)— 방자하게 걸음.「漫步」여기서는 손장난.

〔한가이 거니는 것〕와 혼동(混同)하지 말도록 할 것. ⑧ 倚身(의 신)-몸을 의지함. 몸을 기댐. ⑩ 踐(천)-밟다. 발로 디딤. 〈禮記〉毋踐屨. ⑨ 踰(유)-넘다. 「踰越」. 〈世說〉 吾年踰七十。

膝①前勿坐 하고
부모님의 무릎 앞에 앉지 말고

面②上勿仰③ 하며
부모님의 얼굴을 올려다 보지 말며

父母臥命 이라도
부모님이 누워서 명령하시더라도

俯④首聽之 하며
머리를 숙이고 그 명령을 들으며

鷄⑤鳴而起 하여
첫닭이 울거든 일어나서

必盥⑥必漱⑦ 하며

반드시 세수하고 곡 양치질 하며

暮⑨須⑩後寢 하며

밤에는 곡 뒤에 잠을 자며

晨⑧必先起 하고

새벽에는 반드시 먼저 일어나고

父母有病 이시면

부모님이 병환중에 있으시면

憂⑪而謀⑫藥⑬ 하며

그심하면서 병이 나을 수 있도록 꾀하며

父母不食 하시면

부모님이 진지를 잡수시지 아니 하시면

思得⑭良饌⑮ 이니라

생각해서 좋은 반찬을 마련할 것이다.

〔註〕 ① 膝(슬)―무릎. ② 面上(면상)―얼굴. 얼굴 위. ③ 仰(앙)

飲食親前

— 우러르다. 올려다 보다. ④ 俯（부）— 구부리다. 버려다 보다.

⑤ 鷄鳴（계명）— 첫닭이 울 무렵. 새벽. ⑥ 盥（관）— 씻다.

손 따위를 씻음. 세수를 하다. 〈小學〉 鷄初鳴 咸盥漱。 ⑦ 漱

（수）— 양치질하다. ⑧ 晨（신）— 새벽. 晨旦. 〈詩經〉夜鄕晨.

暮（모）— 여기서는 밤. ⑩ 須（수）— 모름지기. 꼭. ⑪ 憂（우）

— 근심. 걱정. 시름. ⑫ 謀（모）—꾀하다. ⑬ 瘳（추）— 병이

나음. 〈書經〉王翼日乃瘳。 ⑭ 得（득）— 마련하다. 장만하다.

⑮ 良饌（양찬）— 좋은 반찬. 饌은 반찬

부모님 앞에서 음식을 먹을 적에

毋出器聲하며 그릇 소리를 내지 말며

衣服雖惡① 이라도 의복이 아무리 나쁘더라도

與之必着② 하며 부모님이 주시면 꼭 입어야 하며

飮食雖厭③ 이라도 음식이 아무리 싫더라도

賜④之必嘗⑤ 하라 부모님이 주시면 꼭 맛보아야 한다.

平生一欺⑥ 라도 한 평생에 한 번 부모님을 속이더라도

其罪如山 이니라 그 죄는 태산과 같으니라.

若告西適⑦ 이면 만약 서쪽으로 간다고 아뢰었으면

⑧ 不復東往 하며　　다시 동쪽으로 가지 말며

⑨ 出必告之 하고　　밖에 나갈 적에는 꼭 부모님께 아뢰고

⑩ 返必拜謁 하라　　돌아 와서는 꼭 절하고 뵈어라.

〔註〕

① 雖惡(수악)— 비록 나쁘더라도. 雖는 비록 ∴할지라도. 아무리 ∴하여도

② 與(여)— 주다.

③ 厭(염)— 싫어함. ∴하기를 꺼림.
〈中庸〉 衽金革、死而不厭.

④ 賜(사)— 주다.

⑤ 嘗(상)— 맛보다.

⑥ 欺(기)— 속이다.

⑦ 適(적)— 가다.

⑧ 不復東往
(불부동왕)— 다시 동쪽으로 가지 않는다.

⑨ 出必告之(출필곡지)—밖에 나갈 때에는 반드시 아룀.

⑩ 返必拜謁(반필배알)—돌아지)—

와서는 꼭 절하고 뵘。

勿與人鬪① 하라 사람과 더불어 다투지 말라。

父母憂之 니라 부모님께서 근심한다。

見善從之② 하고 착한 것을 보거든 그에 따르고

知過必改 하라 잘못을 알면 꼭 고쳐라。

言行相違③ 하면 말과 행실이 서로 어그러지면

辱及于先 하며 욕이 선조에게 미치며

我身能善④ 하면 내 몸이 능히 착하면

譽⑤及父母니라　좋은 평판이 부모에게 미친다.

夏則凉枕⑥하고　여름이면 베개를 서늘하게 하고

冬則溫被⑦하라　겨울이면 이불을 따뜻하게 하라.

若⑧得美果면　만약 맛있는 과실을 얻으면

歸⑨獻父母하라　가지고 돌아가서 부모님께 드리어라.

〔註〕

① 鬪(투)—싸우다.

② 知過必改(지과필개)—잘못을 알거든 꼭 고쳐라.

③ 辱及于先(욕급우선)—욕이 선조에게 미친다.

④ 我

⑤ 譽(예)—좋은 身能善(아신능선)—내 몸이 능히 착하다.

평판。 ⑥枕(침)—베개。 베개를 베다。 ⑦被(피)—이불。 옷을 입다。 ⑧若得美果(약득미과)— 만일 맛있는 과실을 얻었으면。

⑨歸獻父母(귀헌부모)—가지고 돌아와 부모님에게 드리다。

① 室堂有塵② 이면 — 집에 티끌이 있으면

③ 常以帚掃 하라. — 항상 비를 가지고 쓸어라。

④ 暑勿褰⑤衣 하고 — 더워도 옷을 걷어 올리지 말고

亦勿揮⑥扇 하라 — 또 부채질을 말라。

⑦身體髮⑧膚 는 — 몸뚱이와 머리털과 피부는

受之父母⑨라

不敢毀傷이

孝之始也요

立身⑩行道⑪하여

揚名⑫後世하여

以顯父母⑬이

孝之終也⑭니라

부모에게서 이를 받았다.

감히 훼상 않는 것이

효도의 시작이다.

몸을 세우고 도를 행하여

이름을 뒷 세상에 드날려서

이로써 부모를 빛나게 하는 것이

효도의 끝이다.

〔註〕 ① 室堂(실당)—방. 집. ② 塵(진)—티끌. 먼지. ③ 常以帚掃

①事親如此 라면
②可謂人子 요

부모를 섬김이 이와 같다면

사람의 아들이라 이를 수 있고

(상이추소) — 항상 비로써 쓸다. 「帚」는 비. 「掃」는 쓸다. ④ 暑

(서) — 더위. ⑤ 褰衣(건의) — 옷을 걷어 올리다. 「褰」은 걷어 올리다.

⑥ 揮扇(휘선) — 부채질을 하다. ⑦ 身體(신체) — 몸. 몸뚱이.

⑧ 髮膚(발부) — 머리털과 피부. ⑨ 不敢致傷(불감치상) — 감히 상하

게 않음. ⑩ 立身(입신) — 세상에 나아가 출세함. ⑪ 行道(행도) — 도

를 행함. ⑫ 揚名(양명) — 이름을 드날림. ⑬ 顯(현) — 빛나게 함.

⑭ 終(종) — 마침.

不能^③如此 라면

禽獸^④無異 니라

事君之道 ㅣ

與^⑤父一體 니

使^⑥臣以禮 요

事^⑦君以忠 이니라

盡^⑧己謂忠 이오

以^⑨實謂信 이니

이와 같을 수 없다면

날짐승과 길짐승에 다를 게 없다!

임금을 섬기는 도리가

부모를 섬기는 것과 똑 같으니

임금은 신하를 예로써 부릴 것이고

신하는 임금을 충으로써 섬길 것이다.

몸을 다하는 것을 충성이라 이르고

성실로 하는 것을 신의라 이르나니

人不忠信⑩이면　何謂人乎아

사람이　충성스럽고　신의롭지　못하다면　어떻게　사람이라　이르겠는가?

〔註〕

① 事親(사친)— 어버이를 섬김. 부모를 섬김.

② 可謂人子(가위인자)— 사람의 아들이라 이를 수 있다.

③ 不能如此(불능여차)— 이와 같을 수 없다.

④ 禽獸(금수)— 「禽」은 날짐승이고 「獸」는 길짐승.

⑤ 與父一體(여부일체)— 부모를 섬기는 것과 한 가지라는 뜻. 부모를 섬기는 것이 다르고 임금을 섬기는 것이 다르게 아니라 하나라는 뜻. 忠孝一本.

⑥ 使臣以禮(사신이례)— 신하를 부리되 예의로써 하다는 뜻.

⑦ 事君以忠(사군이충)— 임금을 섬기되 충성으로써 한다는 뜻.

⑧ 盡己謂忠(진기위충)— 몸을 다하는 것을 충성이라 이른다. 「忠則盡命」과 같은 말.

⑨ 以實謂信(이실위신)— 성실한 것을 가지고 신이라 이른다.

⑩ 何謂人乎(하위인호)— 어떻게 사람 이라고 이르겠는가?

修身齊家①②는 자신을 수양하고 집을 가지런히 하는 것은

治國之本은 나라를 다스리는 근본이고

士農工商은 선비와 농사꾼과 공장이와 장사군은

德崇業廣③하리라 덕을 쌓음이 높아지면 사업을 이룸이 광대해질 것이다.

④ 夫婦之道는 부부의 도는

⑤ 異姓之合이라 다른 성과의 결합이다.

⑥ 夫道剛直하고 남편의 도는 굳세고 꿋꿋해야 하고

⑦ 婦德柔順하며 아내의 덕은 유순해야 하며

⑧ 愛之敬之ㅣ 서로 사랑하고 공경하는 것이

夫婦之禮니 부부의 예의 이니

⑨ 夫唱婦隨하면 남편이 주창하고 아내가 따르면

⑩ 家道成矣리라. 가도가 이루어 지리라.

23

〔註〕

① 修身(수신)— 몸을 닦음. 자신을 수양함. ② 齊家(제가)— 가정을 가지런히 함. ③ 德崇業廣(덕숭업광)— 덕을 쌓음이 높아지면 사업을 이룸이 광대하여짐. ④ 夫婦之道(부부지도)— 남편과 아내가 지켜야 할 덕(德). ⑤ 異姓之合(이성지합)— 같은 성끼리는 결혼을 금했기 (同姓禁婚) 때문에 성이 다른 사람과의 결합이라 한 것이다. ⑥ 夫道剛直(부도강직)— 남편의 도는 굳세고 곧아야 한다는 뜻. ⑦ 婦德柔順(부덕유순)— 아내의 덕은 부드럽고 순하여야 한다는 뜻. ⑧ 愛之敬之(애지경지)— 사랑하고 공경함. ⑨ 夫唱婦隨(부창부수)— 남편이 주창하고 아내가 따름. ⑩ 家道成矣(가도성의)— 집안의 덕이 이루어짐.

24

貧窮患難엔
親戚相救하고
婚姻喪死엔
隣保相助니라
兄弟姉妹는
友愛而已니라
骨肉雖分이나
本生一氣요

빈궁과 환난에는

친척끼리 서로 구원하여 주고

혼인과 상사에는

이웃끼리 서로 도와 준다.

형제와 자매는

서로 우애할 따름이다.

뼈와 살이 아무리 나누어졌지만

본디는 하나의 같은 기에서 생기고

形體雖各[11] 이나

素受一血[12][13] 이니

比之於木[14] 하면

同根異枝 요

比之於水 하면

同源異流[15] 니라

형상과 몸뚱이는 아무리 각각 이지만

본디는 하나의 같은 핏줄기를 받았나니

이를 나무에 비기면

같은 뿌리에 다른 가지와 같을 것이고

이를 물에 비기면

같은 수원에 다른 흐름과 같을 것이다.

〔註〕

① 貧窮(빈궁)―가난하고 궁색함. 貧困. ② 患難(환난)―근심과 재난. ③ 親戚(친척)―본종(本宗)과 외척(外戚).

아버지 계통과 어머니 계통의 일가. 모든 일가. 부모의 뜻

으로 쓰일 경우도 있음. ④ 相救(상구)─서로 구원(救援)함.

喪死(상사)─초상. 사람의 죽음에 대한 일. 「死」자보다

「事」자가 더 적절(適切)하겠음. ⑥ 隣保(인보)─이웃집.

같은 반(班)에 있는 집. 또 그 사람들. ⑦ 姉妹(자매)─손위

누이와 손아래 누이. 언니와 여동생. ⑧ 友愛(우애)─형

제 사이의 정애(情愛). ⑨ 而已(이이)─뿐임. 일 따름임.

⑩ 一氣(일기)─하나의 기맥(氣脈). ⑪ 形體(형체)─형

상과 몸뚱이. ⑫ 素(소)─본디. ⑬ 血(혈)─피. ⑭ 比之

於木(비지어목)─나무에 비기다. ⑮ 同源異流(동원이류)

─같은 수원(水源)에 다른 줄기의 흐름.

① 兄友弟恭하되 형은 아우를 우애하고 아우는 형을 공경하되

② 不敢怒怨하며 감히 성내거나 원망하여서는 아니되며

③ 私其衣食은 형제 사이에 그 입는 옷과 먹는 음식을 사사로이 하는 것은

④ 夷狄之徒니라 오랑캐들의 짓과 같은 것이다.

兄有過失이면 형에 과실이 있으면,

和氣以諫하고 온화한 기색으로 간하고

弟有過誤면 아우에게 과오가 있으면,

怡^⑦聲以訓하며 오화한 음성으로 훈계하며

兄弟有疾^⑧이면 형제 중에 질병이 있으면

憫^⑨而思救하고 근심하면서 서로 구해줄 것을 생각하고

兄弟有惡이면 형제 중에 나쁜 일이 있으면

隱^⑩而勿視하라 서로 근심하면서 보지 말라.

[註] ① 兄友弟恭(형우제공)— 형은 아우를 우애하고 아우는 형을 공경함. ② 不敢怒怨(불감노원)—감히 성내거나 원망해서는 아니된다. 「不敢」은 긍정(肯定)이고 「敢不」은 부정(否定)

이다. ③ 私其衣食(사기의식)—그 입고 먹는 의식을 형

것 아우 것을 구분하여 사사로운 소유로 하다. ④ 夷狄之徒

(이적지도)—오랑캐의 무리. 「夷」는 동이(東夷), 곧 동쪽

오랑캐를 가리키고, 「狄」은 북적(北狄), 곧 북쪽 오랑캐를 가

리킨다. 여기서 동쪽이니 북쪽이니는 중원(中原)인 중국 황하

유역을 중심으로 한 말이니 우리 민족은 동이(東夷)에 속한다.

⑤ 諫(간)—임금 또는 웃어른에게 충고(忠告)하는 것.

⑥ 過誤(과오)—잘못. ⑦ 怡聲(이성)—화기(和氣)가 있는

음성. 온화한 말 소리. ⑧ 疾(질)—병. 질병. 疾患. ⑨ 憫

(민)—가련하게 여김. 불쌍하게 여김. 여기서는 근심함. 우려함.

30

⑩ 隱(은)─숨다。 여기서는 그심하다。우

려하다의 뜻。

率先垂範① 하면 내가 솔선 수범하면

兄弟亦效② 하며 형제들도 본받을 것이며

我有憂患③ 이면 내게 근심이 있으면

兄弟亦憂 하며 형제들도 역시 근심할 것이며

我有歡樂④ 이면 내게 기쁘고 즐거움이 있으면

姉妹亦樂 하나니 손위 누이나 손아래 누이들도 즐거워 하나니

長者慈幼[1] 하고　어른은 어린이를 사랑하고

豈能如此[5] 리오　어찌 이와 같을 수 있겠는가？

雖有他親 이라도　아무리 따로 친함이 있을지라도

我事人親 이면　내가 남을 친절하게 섬기면

人事我親 이니라　남도 나를 친절하게 섬긴다。

〔註〕

① 率先垂範（솔선수범）— 남보다 앞서 모범을 보임。

② 效（효）— 본받음。

③ 憂患（우환）— 근심。걱정。

④ 歡樂（환락）— 기쁘고 즐거움。

⑤ 豈（기）— 어찌 … 하랴？

幼者敬長 하며

어린이는 어른을 공경하며

長者賜果 면

어른이 과실을 먹으라고 주시면

核子在手 니라

먹고 난 씨는 손에 가지고 있는다.

人之處世 에

사람이 세상을 살아감에

不可無友 니

벗이 없을 수 없나니

擇友交之 면

벗을 가려서 사귀면

有所補益 이나

보태어 도웁는 바가 있을 것이나

友其德也 로

벗의 덕으로

不可有挾⑨ 이오　뽑낼 수는 없을 것이오

友其正人 이면　벗이 바른 사람이면

我亦自正 이니라　나 또한 스스로 바를 것이다.

〔註〕

① 長者慈幼(장자자유)ー어른이 어린이를 사랑함.

② 幼者敬長(유자경장)ー어린이가 어른을 공경함.

③ 賜果(사과)ー과실을 줌.

④ 核子在手(핵자재수)ー씨는 손에 가지고 있다가 적당한 곳에 버린다. 「核」子」는 단단한 알맹이의 씨.

⑤ 處世(처세)ー세상에 살아 있음.

⑥ 不可無友(불가무우)ー벗이 없을 수 없다. 또는 벗이 없

어서는 안된다. 꼭 있어야 한다. ⑦ 擇友交之(택우교지)
ㅡ벗을 가려서 사귀다. ⑧ 補益(보익)ㅡ보태어 둡는다. ⑨ 挾
(협)ㅡ믿고 뽑냄. 또 믿고 의지함.

① 從遊邪人 이면 간사한 사람을 따라 놀면

② 予亦自邪 하며 나도 저절로 간사해지며

③ 近墨者黑 하고 먹을 가까이 하는 사람은 검고

④ 近朱者赤 하며 주사를 가까이 하는 사람은 붉어지며

⑤ 蓬生麻中 이면 쑥이 삼 속에 나면

不扶自直 하며

불들어 주지 않더라도 저절로 곧아지며

白沙在泥 면

흰 모래는 진흙에 섞여 있으면

不染自陋 하며

물들지 않더라도 저절로 더러워지며

居必擇隣 이면

거처를 정하는 데에 반드시 이웃을 가리며

就必有德 하며

일을 성사하는데 반드시 덕이 있으며

哀慶相問 은

슬픈 일이나 경사스러운 일에 서로 묻는 것은

美風良俗 이니라.

아름답고 좋은 풍속이다.

〔註〕 ① 從遊邪人(종유사인)—간사한 사람을 따라 같이 놀음.

② 予亦自邪(여역자사)—나도 또한 저절로 간사해짐.

③ 近墨者黑(근묵자흑)—먹을 가까이 한 사람은 꺼메지다는 뜻.

④ 近朱者赤(근주자적)—주사(朱砂)를 가까이 한 사람은 붉어 지다는 뜻.

⑤ 蓬生麻中(봉생마중)—쑥이 삼 밭 속에 나면 이라는 뜻.

⑥ 不扶自直(불부자직)—부축해 주지 않아도 저절로 곧아지다는 뜻.

⑦ 白沙在泥(백사재니)—흰 모래가 진 흙 속에 있으면 이라는 뜻.

⑧ 不染自陋(불염자루)—물들지 않더라도 저절로 더러워 지다는 뜻.

⑨ 居必擇隣(거필택린)—거처를 정하는 데에는 반드시 이웃을 가려야 한다는 뜻.

⑩ 就必有德(취필유덕)—일을 성취 함에는 반드시 덕이 있

어야 한다는 뜻.

⑪ 哀慶相問 (애경상문) —슬픈 일이 있거나 경사스러운 일이 있을 적에는 서로 물어 슬픈 일에는 위로하고 경사스러운 일에는 축하해 준다는 뜻.

⑫ 美風良俗 (미풍양속) —아름답고 좋은 풍속이란 뜻.

① 不責我身 이면 내 몸을 책망해 주지 않는 사람이라면

② 諂諛之人 이며 아첨하는 사람이며

③ 面責我過 면 나의 허물을 면전에서 책망하는 사람이라면

④ 剛直之人 이며 강직한 사람이며

朋友責善⑤ 이면

벗에게 착한 일을 하도록 권면한다면

以友補仁⑥ 이며

벗에게 인을 보태 주는 것이며

厭人責者⑦ 면

남의 책망을 싫어하는 사람이면

其行無進⑧ 이며

그 행동에 진전이 없으며

人無責友⑨ 면

사람으로써 벗을 책망하지 못하는 사람이라면

易陷不義⑩ 하나니

불의에 빠지기 쉽나니

多友之人⑪ 이면

벗이 많은 사람이면

當事無誤 니

마땅히 일을 그리침이 없을 것이다.

知心而交⑫면　마음을 알고 사귀거든
勿與面交하라　더불어 면교하지 말라.

〔註〕　① 不責我身(블쳰아신)—내 몸을 책망해 주지 않는 사람. 나를 착한 일을 하도록 켠면해 주지 않는
② 諂諛之人(첨유지인)— 아첨하는 사람.　③ 面責我過(면책아과)—면전에서 나의 허물을 책망함.　④ 剛直之人(강직지인)—마음이 굳세고 곧은 사람.　⑤ 朋友責善(붕우책선)—벗에게 착한 일을 하도록 켠면함.　⑥ 以友補仁(이우보인)—벗으로 해서 인도(仁道)에의 보탬이 됨.　⑦ 厭人責者(염인책자)—남의 책망을

듣기를 싫어하는 사람.

⑧ 其行無進(기행무진)－ 그 사람의 행실에 진보가 없음.

⑨ 人無責友(인무책우)－ 벗을 책망할 수 없는 사람이라면의 뜻.

⑩ 易陷不義(이함 불의)－ 의롭지 못하데 빠지기 쉽다.

⑪ 當事無誤(당사무오)－ 마땅히 일을 그르침이 없을 것이다.

⑫ 勿與面交(물여면고)－ 더불어 면고하지 말라. 「面交」는 걸으로 만의 사귐. 面友.

彼不大怒① 는 상대방이 크게 노하지 않는 것은

反有我害② 며 도리어 내게 해가 있으며

我益我害③ 는 내게 이익이 되고 내게 손해가 되는것은

惟在我矣 니라 오직 나에게 있을 뿐이다。

內疏外親 이면 안으로 성기고 겉으로 친하면,

是謂不信 하며 이것을 신의롭지 못하다 이르며

行不如言 이면 행동이 말과 같지 않다면,

亦曰不信 이니 역시 신의롭지 못하다 이르나니

欲爲君子 면 군자가 되고 싶다면,

何不行此 리오 어찌 이를 행하지 않겠는가?

〔註〕 ① 彼不大怒(피불대노)—상대방이 크게 성내지 않는다는 뜻,

(대본의 「怒」자는 「恕」의 잘못일 듯。) ② 反有我害(반유아해)
— 도리어 나에게 손해가 있게 한다는 뜻。 ③ 我益我害(아의
아해)— 나의 이익이나 나의 손해라는 뜻。 ④ 惟在我矣(유재
아의)— 오직 나에게 있을 뿐이다. ⑤ 內疏外親(내소외친)
— 속으로는 서먹 서먹 하면서도 겉으로는 친한척 한다는 뜻。

⑥ 是謂不信(시위불신)— 이것을 신의가 없다고 말한다.
이것을 신의가 없다고 말한다. ⑦ 行不如言(행불여언)— 행
등이 말과 같지 않다는 뜻。 ⑧ 亦曰不信(역왈불신)— 역시 신
의가 없다고 말한다. ⑨ 欲爲君子(욕위군자)— 군자가 되고
싶다. ⑩ 何不行此(하불행차)— 어찌 이를 행하지 않겠는가,

어찌 이와 같은 일이 행해지지 않겠는가?

① 孔孟之道 와 — 공자 맹자의 도와

② 程朱之學 은 — 정자 주자의 학문은

正其誼而 ③ 하되 — 그 인의(仁義)를 바르게 하면서도

④ 不謀其利 하고 — 그 이익은 도모하지 않고

明其道而 하되 — 그 도를 밝히면서도

⑤ 不計其功 하니라 — 그 공업(功業)은 꾀하지 않는다.

⑥ 飽食煖衣 하되 — 배부르게 먹고 따뜻하게 입으면서도

⑦逸居無教 면

卽近禽獸 니

聖人憂之 하나니라

⑧作事謀始 하고

⑨出言顧行 하며

常德固持 하고

⑩然諾重應 하라。

편안히 있을 뿐 교육함이 없다면

곧 금수와 가깝나니

성인(聖人)이 이를 걱정한다。

일을 할 적에는 처음에 꾀하고

말을 할 적에는 행실을 돌아보며

항상 덕을 굳게 가지고

승낙은 신중히 응하라。

〔註〕 ① 孔孟之道（공맹지도）— 공자와 맹자가 설교한 도。（性理大全、道統）

堯舜禹湯文武周公生而道始行。孔子孟子生而道始明、孔孟

之道。周程張子繼之、周程張之道。文公朱先生又繼之、此道統

之傳、歷萬世而可考也。 ② 程朱之學(정주지학)-정호(程

顥)、정이(程頤)、주희(朱熹)가 주창(主唱)한 철학으로

성리학(性理學)을 말한다. 경전(經典)의 자구 해석에만 치우

치지 않고、유학(儒學)에 한층 깊은 정도를 주었다.

③ 誼(의)-義와 같음. 인의(仁義)。

④ 謀(모)-도모하다。

피하다。 ⑤ 功(공)-공업(功業)。

⑥ 飽食煖衣(포식

난의)-배불리 먹고 따뜻이 입음. ⑦ 逸居(일거)-편안하

게 삶。 ⑧ 作事謀始(작사모시)-일함에 처음에 계획으

⑤ 元亨利貞 은

④ 盡事待命 하라.

③ 晝耕夜讀 하여

② 文房四友 니라

① 紙筆墨硯 은

⑩ 然諾重應 (연락중응) — 승낙은 신중을 기하여 응답 하라는 뜻.

⑨ 出言顧行 (출언고행) — 말을 하기 전에 행실을 세움.

원、형、이、정은

해야할 일을 다하고 운명을 기다리라.

낮에는 밭에 나가 농사 짓고 밤에는 글을 읽어서

글방의 네 친구 이다.

종이와 붓과 먹과 벼루는

天⑥道之常 이오   이것은 천도의 떳떳한 것이오.

仁⑦義禮智 는   인(仁) 의(義) 예(禮) 지(智) 는

人⑧性之綱 이오   사람의 성품의 총괄과 제어이고

禮⑨義廉恥 는   예·의·염·치는

是⑩謂四維 니라   이것을 사유(四維) 라 이른다.

〔註〕 ① 紙筆墨硯(지필묵현) ― 종이·붓·먹·벼루. ② 文
房四友(문방사우) ― 학문을 하는 방의 네 가지 벗이란 말로
앞의 종이·붓·먹·벼루를 가리킨다. ③ 晝耕夜讀(주

경야독)—낮에는 농사(農事) 일을 하고 밤에는 글을 읽

음。 ④盡事待命(진사대명)—盡人事而待天命이란 말

로, 인력으로써 미칠 때까지 다하고 나서 결과는 운명에

말김。 修人事待天命。 ⑤ 元亨利貞(원형이정)—

천도(天道)의 네 가지 덕(德)。 원(元)은 봄이니 만물의 시

초로 인(仁)이 되고, 형(亨)은 여름이니 만물이 자라 예(禮)

가 되고, 이(利)는 가을이니 만물이 이루어 의(義)가 되고,

정(貞)은 겨울이니 만물을 거두어 지(智)가 됨。 ⑥ 天道

之常(천도지상)—천지 자연의 도리의 다섯 가지 떳떳함。

⑦ 仁義禮智(인의예지)—사람의 마음에 선천적으로 갖춘

사덕(四德)。 ⑧ 人性之綱(인성지강)―사람의 성품을 다

스리는 인의예지(仁義禮智)의 사덕(四德)。 ⑨ 禮義廉恥

(예의염치)―사람이 행하야 할 네 가지의 도덕. ⑩ 是謂四

維(시위사유)―이것을 사유라고 이르는 뜻. 「四維」는 앞의

예(禮)·의(義)·염(廉)·치(恥)를 가리킴.

① 積德之家엔   덕을 쌓는 집에는

② 必有餘慶이오   반드시 그 응보가 있어 경사가 자손에게 까지 미치고

③ 積惡之家엔   악을 쌓는 집에는

必有餘殃 이니라。 반드시 그 응보가 있어 앙화가 자손에게 까지 미친다

君爲臣綱 하고 임금은 신하를 총괄 규제하고

父爲子綱 하고 아버지는 자식을 총괄 규제하고

是謂三綱 이니라 이것을 세 가지 총괄 규제라 이른다。

夫爲婦綱 이니 남편은 아내를 총괄 규제하나니

父子有親 하고 아버지와 아들 사이에는 친함이 있어야만 하고

君臣有義 하고 임금과 신하 사이에는 의리가 있어야만 하고

夫婦有別 하고 남편과 아내 사이에는 분별이 있어야만 하고

長幼有序⑫하고　어른과 어린이 사이에는 차례가 있어야만 하고

朋友有信⑬이니　친구 사이에는 신의가 있어야만 하나니

是謂五倫⑭이니라.　이것을 다섯 가지의 일른이라 이른다.

〔註〕　① 積德之家(적덕지가)─덕을 쌓는 집. 보통은 「德」자 대신 「善」자로 되어 있음.　② 必有餘慶(필유여경)─반드시 그 응보로 경사가 자손에게까지 미친다는 뜻.　③ 積惡之家(적악지가)─악을 쌓는 집. 보통은 「惡」자 대신 「不善」으로 되어 있음.　④ 必有餘殃(필유여앙)─반드시 그 응보로 자손에게까지 앙화가 미친다는 뜻.　⑤ 君爲臣綱

（군위신강）ー임금은 신하의 벼리가 되다는 뜻. 여기「벼리」라는 말은 그물의 위 쪽 코를 꿰어 잡아 당기게 되줄. 전하여 사물을 총괄하여 규제하는 것. ⑥ 父爲子綱（부위자강）ー아버지는 자식의 벼리가 되다는 뜻. ⑦ 夫爲婦綱（부위부강）ー남편은 아내의 벼리가 되다는 말. ⑧ 是謂三綱（시위삼강）ー이것을 세 가지 벼리라고 하다는 말. ⑨ 父子有親（부자유친）ー아버지와 아들 사이에는 친함이 있어야만 한다는 말. ⑩ 君臣有義（군신유의）ー임금과 신하 사이에는 의리가 있어야만 한다는 말. ⑪ 夫婦有別（부부유별）ー남편과 아내 사이에는 분별이 있어야만 하다는 말. ⑫ 長幼有序（장유유서）

① 視思必明 하고
② 聽思必聰 하고
④ 色思必溫 하고
⑥ 貌思必恭 하고

봄에는 반드시 명확할 것을 생각하고

들음에는 반드시 밝히 들을 것을 생각하고

얼굴빛에는 반드시 온화할 것을 생각하고

용모에는 반드시 공손할 것을 생각하고

—어른과 어린이 사이에는 차례가 있어야만 한다는 말.

⑬ 朋友

有信(붕우유신)—친구 사이에는 신의가 있어야만 한다는 말.

⑭ 是謂五倫(시위오륜)—이것을 사람이 지켜야 할 다섯 가지의

도덕률이라고 이르는 말.

言思必忠⑧하고
事思必敬⑨하고
疑思必問⑩하고
忿⑪思必難⑫하고
見得思義⑬니
是謂九思⑭니라

말에는 반드시 진실할 것을 생각하고

일에는 반드시 공경할 것을 생각하고

의문에는 반드시 물을 것을 생각하고

분함에는 반드시 곤란할 것을 생각하고

이득을 보면 반드시 의리를 생각하나니

이것을 아홉가지 생각이라 이른다.

〔註〕 ① 視(시)―봄. 보다. ② 聽(청)―들음. 듣다. ③ 聰(총)

똑똑히 듣다. ④ 色(색)―낮빛. 얼굴 빛. ⑤ 溫(온)―온화

④目容必端 하고
③頭容必直 하고
②手容必恭 하고
①足容必重 하고

하다。　⑥ 貌（모）ー모습. 모양。　⑦ 恭（공）ー공손하다。　⑧ 忠

（충）ー진실하다。　⑨ 敬（경）ー공경하다。　⑩ 疑（의）ー의심。

⑪ 忿（분）ー분함。　⑫ 難（난）ー곤란하다。　⑬ 得（득）ー이득（利得）。

⑭ 九思（구사）ー이 대문의 아홉가지 생각。

① 발의 동작은 반드시 무거운 듯이 하고

② 손의 동작은 반드시 공손하게 하고

③ 머리의 가짐은 반드시 곧아야 하고

④ 눈의 가짐은 반드시 단정하게 하고

⑤口容必止 하고

⑥聲容必靜 하고

⑦氣容必肅 하고

⑧立容必德 하고

⑨色容必莊 하나니

是謂九容 이니라

입의 가짐은 반드시 조용하게 하고

음성의 가짐은 반드시 고요하게 하고

호흡은 정제(整齊)하여 반드시 엄숙(嚴肅)하게 하고

선는 모습은 반드시 반듯하고 의젓하게 가져 바르게 쓰고

낯빛은 반드시 장중(莊重)하게 갖는다。

이것을 아홉 가지 군자의 모습이라 이른다。

〔註〕 ① 足容必重(족용필중)— 발의 동작은 반드시 무거운 듯이 하여 가볍게 들어 옮기지 않음。곧 공손하고 조심하는 태도를 갖는 것。

② 手容必恭(수용필공)— 손의 동작은 반드시 공손하게 함.

③ 頭容必直(두용필직)— 머리의 모습은 반드시 곧게 갖는 것.

④ 目容必端(목용필단)— 눈의 동작은 반드시 단정하게 함.

⑤ 口容必止(구용필지)— 입의 동작은 반드시 조용하게 하는 것.

⑥ 聲容必靜(성용필정)— 음성의 가짐은 반드시 고요하게 함.

⑦ 氣容必肅(기용필수)— 호흡은 정제(整齊)하여 반드시 엄숙(嚴肅)하게 함. ⑧ 立容必德(입용필덕)— 서는 모습은 반드시 의젓하게 가짐. ⑨ 色容必莊(색용필장)— 낯빛은 반드시 장중(莊重)하게 갖음.

① 事師如親 하여
스승 섬기기를 어버이와 같이 하여

② 必恭必敬 하라
반드시 공손하고 반드시 공경하라.

③ 不敎不明 이면
가르치지 않아서 명철(明哲)하지 못하다면

④ 不知何行 이리오
알지 못하니 무엇을 행하겠는가?

⑤ 能孝能悌 는
효도할 수 있고 공손할 수 있는 것은

⑥ 莫非師恩 이오
스승의 은혜가 아닌 것이 없고

⑦ 能和能信 도
화목할 수 있고 신의로울 수 있는 것도

⑧ 摠是師功 이오
모두 이것이 스승의 공업이고

三綱五倫도
惟師教之요
非爾自行은
惟師導之니
其恩其德은
亦如天地니라

삼강(三綱)과 오륜(五倫)도

오직 스승의 가르침이요

네 스스로의 행실이 아닌 것은

오직 스승이 이를 인도한 것이다.

그 은혜와 그 덕은

역시 천지와 같다.

〔註〕 ① 事師如親(사사여친)— 스승 섬기기를 부모 섬기 듯이 하

라는 것.

② 必恭必敬(필공필경)— 반드시 공손하고

반드시 공경하라。 곧 반드시 공손하고 공경하라。 ③ 不敎

不明(불고불명)—가르치지 않으면 명철(明哲)하지 못하다。

④ 不知何行(부지하행)—알지 못한다면 무엇을 행하겠는가?

⑤ 能孝能悌(능효능제)—효도할 수 있고 공손할 수 있는 것。

⑥ 莫非師恩(막비사은)—스승의 은혜가 아님이 없음。非는 명사(名詞)만을 부정(否定)한다는 것을 잊어서는 안된다。

⑦ 能和能信(능화능신)—화목할 수 있고 신의로울 수 있는 것。

⑧ 摠是師功(총시사공)—모두 이것은 스승의 공업이라는 것。

⑨ 三綱五倫(삼강오륜)—앞에 나왔음。

⑩ 惟師敎之(유사교지)—오직 스승만이 이것을 가르친다는 것。

⑪ 非爾自行(비이자행) ― 네 스스로의 행실이 아니면의 뜻.

⑫ 惟師導之(유사도지) ― 오직 스승만이 이것을 인도할 수 있다는 것.

⑬ 其恩其德(기은기덕) ― 그 은혜와 그 덕.

其恩其德(기은기덕)이라고 해야 할 것을 한 구가 네 글자로 되었기 때문에 그에 맞추기 위하여 其恩其德이라고 한 것이다.

① 欲孝父母 하면 부모에게 효도하고자 하면서

② 何不敬師 리오 어찌 스승을 공경하지 않겠는가?

③ 報恩以力 이 은혜를 갚기에 힘쓰는 것이

人之道也 니라 사람의 도리니라.

師有疾病이면 스승에게 질병이 있으시면

④卽必藥之하고 곧 반드시 약을 드리고

⑤問爾童子ㅣ 너의 어린 아들이

⑥或忘師德하라 혹 스승의 덕을 잊었나 물으라.

⑦莫以不見으로 드러나지 않음으로써

敢邪此心이니 감히 이 마음을 사되게 말 것이다!

⑧觀此書字면 이 책의 글자를 보면

⑨何忍不孝아 어찌 차마 효도를 않을 수 있겠는가?

註 ① 欲孝父母(욕효부모)— 부모에게 효도하고자 함. ② 何

不敬師(하불경사)— 어찌 스승을 공경하지 않겠는가? ③

報恩以力(보은이력)— 은혜를 갚기에 힘을 씀. 「以」자

는 「用」과 같은 뜻. ④ 卽必藥之(즉필약지)— 지체할 것

없이 이네 약을 드려 잡수시도록 한다는 뜻. ⑤ 問爾童子

(문이동자)— 너의 어린 아들에게 물으라는 뜻. ⑥ 或忘師

德(혹망사덕)— 혹 스승의 덕을 잊고 있나 물어라. ⑦ 莫

以不見、敢邪此心(막이불현、감사차심)— 나타나지 않는다고

하여 감히 이 마음을 사되게 하지 말라는 뜻. 「莫」자는 敢邪

此心까지에 걸리는 것에 주의할 것이다. ⑧ 觀此書字(관차

⑥ 來不及以(래불급이) 〔예〕 오늘날에도 쓰고있음。(예:…… 거북이가 느리므로 앞서가는 토끼를 따라잡지 못함이-)

四字小學 解題

一、名 義

주희(朱熹)의 《소학서(小學書)》의 입교(立敎)·명륜(明倫)·경신(敬身)의 내용을 가지고 천자문(千字文)이나 사자경(四字經)처럼 일구 사자(一句四字)로 되어 있기 때문에 《사자소학(四字小學)》이라 한 것 같다.

그러면 소학(小學)이란 무엇인가? 대학(大學)에 대(對)하는 말로, 소년(少年)의 교육기관이다. 옛날 공궁(公宮)의 곁에 설치하여 태자(太子)、왕자(王子)、제후(諸侯)의 아들 및 공경대부원사(公卿大夫元士)의 적자(嫡子)에게 소절(小節)·소의(小義)를 가르치던 학교로, 대학·소학의 두 가지는 고전(古典)에 이미 그 이름이 나타나 있어 유우씨(有虞氏)는 소학을 하상(下庠)이라 하였고, 하후씨(夏后氏)는 서상(西庠)이라고 하였으며, 은(殷)나라에서는 좌학(左學)이라 하였고, 주(周)나라에서는 우상(虞庠)이라고 하였다.

소학의 위치에 대해서는 고래로 여러 가지의 설이 있는데, 당(唐)나라의 공영달(孔穎達)·가공언(賈公彦)、청(淸)나라의 고천리(顧千里)는 천자(天子)의 왕궁(王宮) 동쪽에 우하은(虞夏殷) 삼대의 제도를 갖춘 하나의 대학이 있고、구도(國都)의 서교(西郊)에 유우씨(有虞氏)의 상제(庠制)를 갖춘 하나의 소학이 설치되었다고 하며、위(魏)나라의 왕숙(王肅) 등은 천자의 왕궁의 동쪽에 대학이 있었고、사교(四郊) 즉 도를 떠난 오십리(里) 사방(四方)에 네 개의 소학이 설치되었다고 하였으며、청(淸)나라의 단옥재(段玉裁)·손지조(孫志祖)·완원(阮元) 등은 대학은 왕궁의 동쪽에 있었지만 소학은 원교(遠郊) 백리(百里) 사방의 사교(四郊)에 설치하였었다고 하였고、또 청나라 금방(金傍)은 벽옹(辟雍)으로서 교(郊)에 있었으며、소학은 왕궁의 사문(四門)에 있었다고 하였다.

입학 연령에 대해서는 《상서대전(尚書大傳)》에는 十三세에 소학에 들어가고 二十세에 대학에 들어간다고 있

으며, 《신서(新書)》에는 九세에 소학에 들어가고 十五세에 대학에 들어간다고 있으며, 《대대례(大戴禮)》·《백

호통(白虎通)》 등에는 八세에 소학에 들어가고 十五세에 대학에 들어간다는 등의 제설(諸說)이 있다. 그의 교

과목(教科目)은 대개 소도(小道)·소절(小節)·소예(小藝)를 배우는 것으로 소위 예·악·사·어·서·수가 이

에 해당된다.

그런데 주회(朱熹)의 소학서제에는 「옛날 소학에서는 사람에게 물뿌리고 소제하는 일과 남에게 응대하는 것

과 몸가짐의 예절과 부모를 사랑하고 어른을 공경하며 스승을 높이 받들고 벗들과 친근하게 지내는 방법을 가

르쳤다」고 하였다.

이상의 것을 가르치는 데는 교재(教材)로 쓰던 것이 있었지만, 그동안에는 진시황(秦始皇)의 분서갱유(焚書

坑儒)를 겪었으며, 또 세월도 오래 되었기 때문에 지금은 완전히 갖추어진 책을 볼 수 없어 풍속(風俗)의 교

화에 조금이라도 도움이 있기를 바란다고 하면서 소년의 교육에 이바지하고자 소학교에서 쓸 교재를 만들었다

는 것이 주회의 말이다. 즉 이것이 서적인 《소학(小學)》인 것이다.

二、編 纂

역사의 줄거리를 일구 사자(四字一句四字)로 엮은 《사자경(四字經)과 같은 형식으로 엮어졌으나 역자(譯者)가

과문(寡聞)한 탓으로 이 《사자소학(四字小學)》의 국적(國籍)과 혈통을 몰라 소개하지 못하는 것을 미안하게 생

각하며, 후일에 다행히 근거를 알아볼 기회가 있다면 자세히 기술(記述)하겠다.

三、內 容

한 구에 사자(四字)씩 二十三항목(項目)으로 한 항목은 십구(十句)내지 십사구(十四句)로 되어 있으며, 총二

백 七십 六구 一천 一백 四자로 이루어져 있다.

내용을 일별(一瞥)하면、 자신의 출생、 부모 앞에서의 좌작진퇴(坐作進退)、 일상 생활에서의 자신의 몸가짐、 부모를 섬기는 방법、 대인 관계、 쇄소(灑掃)와 지신(持身)、 사군(事君)、 수신제가(修身齊家)와 부부지도(夫婦 之道)、 친척상구(親戚相救)와 인보상조(隣保相助)、 형우제공(兄友弟恭)、 장자자유(長者慈幼)와 유자경장(幼者 敬長)、 거필택린(居必擇隣)、 붕우책선(朋友責善)、 공맹지도(孔孟之道)와 정주지학(程朱之學)、 주경야독(晝耕 夜讀)과 사유(四維)、 삼강오륜(三綱五倫)、 구사(九思)、 구용(九容)、 사사여친(事師如親) 등이다。

68

附録 1 ●

朱子家訓

朱子家訓

治家要訣

(三) 黎明卽起하여 灑掃庭除하고 要內外整潔하며 旣
昏便息에 關鎖門戶를 必親自檢點하라

새벽에 즉시 일어나서 뜰에 물을 뿌리고 쓸며 집 안팎을
정돈하고 깨끗하게 하며 이미 날이 어두워 잠자리에 들 적에는
문 단속을 꼭 몸소 일일이 점검하여야 한다.

〔註〕
○ 黎明(여명)— 밝을 녘. 새벽.
○ 灑掃(쇄소)— 물뿌리고 비로 쓺.
○ 庭除(정제)— 뜰. 庭은 마당. 除는 섬돌.
○ 整潔(정결)— 정돈

하여 깨끗이 함。 ○ 便息(편식)ㅡ 쉼。 便도 息도 쉰다는 뜻。 ○ 關

鎖(관쇄)ㅡ 문 단속。 ○ 門戶(문호)ㅡ 집안에 드나드는 곳。 ○ 親目

(친자)ㅡ 몸소。 ○ 檢點(검점)ㅡ 일일이 검사함。 낱낱이 검사함。

〔三〕一粥一飯이라도 當思來處不易하고 半絲半縷라도
恒念物力惟艱하라

한 그릇의 죽 한 그릇의 밥이라도 마땅히 출처의 쉽지
않음을 생각하고 반 오리의 실 반 조각의 누더기라도 항상
생산하는데 오직 괴로움 뿐이라는 것을 생각하라。

〔註〕 ○ 一粥一飯(일죽일반)ㅡ 한 그릇의 죽과 한 그릇의 밥。 ○ 來處(래처)ㅡ 출처。 또는 한끼니
의 죽이나 밥이라는 뜻。 ○ 不易(불이)ㅡ 쉽지
않음。 ○ 半絲(반사)ㅡ 반 오리의 실。 ○ 半縷(반루)ㅡ 반 오리의 실。

또는 반조각의 누더기. ○ 物力(물력) — 생산력. 물건을 생산하는

힘. ○ 惟艱(유간) — 오직 괴로울 뿐이다.

〔三〕宜未雨而綢繆하고 毋臨渴而掘井하라

마땅히 아직 장마철이 아닐 때에 미리미리 비가 새지 않도록
얽어매어 준비하여야 하고, 가뭄에 당하여 우물을 파는 일
이 없도록 하라.

〔註〕 ○ 宜(의) — 당연히 ……이어야 함. 결정의 말.
○ 未(미) — 아직 ……하지 아니함. 「ー知」. 〔學詩乎、對曰ー也《論語》〕 ○
綢繆(주무) — 동여 맴. 서로 얽힘. 심원(深遠)함. 그윽함. ○ 未雨
而綢繆(미우이주무) — 아직 우기(雨期)가 닥치기 전에 둥우리의 틈이나
구멍을 굳게 얽어매는 것으로, 미리 준비하는 비유. 綢繆未雨라고도 함.
여기서 雨는 우기(雨期) 곧 장마철을 뜻함. ○ 毋(무) — 마라는 금지사

(禁止辭)。 ○ 臨渴(임갈) — 가뭄에 당함。 ○ 掘井(굴정) — 우물을 팜。

○ 臨渴而掘井(임갈이굴정) — 가뭄을 당하여 우물을 파다는 말로, 평상

시에 준비가 없으면 급박한 경우에 소용이 없다는 비유。 渴而穿井·

臨渴掘井이라고도 함。 渴의 뜻은 앞의 雨와 대립하는 말로 건기(乾期)

곧 가뭄으로 보는 것이 타당하겠음。

〔四〕 自奉엔 必須儉約하고 宴客엔 切勿流連하라

스스로 자기 몸을 기름에는 꼭 검소하고 절약하여야 하고, 잔

치 손님이 되어서는 절대로 노는데 찰려 집으로 돌아가기를 잇

지 말게 하라。

〔註〕 ○ 自奉(자봉) — 스스로 자기 몸을 기름。 ○必須(필수) — 꼭 …하여야

함。 ○儉約(검약) — 검소하고 절약함。 ○宴客(연객) — 잔치 손님。 ○

切(체) — 절대로。 일체。 ○流連(유련) — 노는데 찰려 집으로 돌아가기

를 잇음。

〔五〕 器具質而潔,이면 瓦缶勝金玉。이오 飮食約而
精,이면 園蔬愈珍饈。니라

生活 기구가 질박하여도 깨끗하면 도기라도 금옥으로 만든 그릇보다
낫고 음식이 검소하여도 정결하면 채소라도 진귀한 반찬보다 낫다。

〔註〕○器具(기구)─ 살림살이에 쓰이는 그릇。 ○質(질)─ 질박(質朴)함。 불
품 없음。 ○潔(결)─ 깨끗함。 정결함。 ○瓦缶(와부)─ 도기(土製)의
장군。 오지장군。 토부。 슬、물살은 것을 담는 그릇。 ○勝(승)─ 낫
다。 좋다。 ○金玉(금옥)─ 금과 옥。 여기서는 금이나 옥으로 만든 살
림살이에 쓰이는 그릇을 뜻함。 ○園蔬(원소)─ 채마밭에 심은 채소。 남
새。 ○愈(유)─ 낫다。 좋다。 勝과 같은 뜻。 ○珍饈(진수)─ 진귀한

반찬。 지키하고 맛있는 음식을 드리는 것。

〔六〕勿營華屋,하고 勿謀良田。하라

화려한 집을 짓지 말고, 좋은 밭을 생각하지 말라。

〔詿〕○營(영)―집을 짓다。 경영하다。 ○華屋(화옥)―화려한 집。 ○謀(모)―생각하다。 마음을 쓰다。 꾀하다。 ○良田(양전)―좋은 밭。

〔七〕三姑六婆는 實淫盜之媒。요 婢美妾嬌는 非閨房之福。이니라

삼고나 육파의 한 사람이라도 집에 있게 되면 실로 간음이나 도둑의 원인이 되고, 계집종이 아름답고 첩이 애교스러우면 안방

의 복이 아니다.

【註】　○三姑(삼고)— 이고(尼姑∷女僧)・도고(道姑∷여자의 道士)・패고(卦姑∷점장이)。　○六婆(육파)— 아파(牙婆∷유곽에서 유녀(遊女)를 감독하고、만사를 처리하는 여자)・ 매파(媒婆∷중매하는 여자)・ 사파(師婆∷무당。一名跳神婆)・ 건파(虔婆∷無賴婆)・ 약파(藥婆∷약으로 병을 고치는 여자)・ 온파(穩婆∷産婆)를 말한다。※ 三姑六婆는 집에 이중 한 사람이라도 있으면 많게는 간음과 도둑의 원인이 되다고 한다。　○實(실)—실로。 참으로。　○淫盜之媒(음도지매)—간음과 도둑의 매개물(媒介物∷원인)。　○婢美(비미)—계집종이 아름다움。　○妾嬌(첩교)— 첩이 애교스러움。　○非(비)—아님。 명사를 부정함。　○閨房(규방)—안방。 침실。 내실。　○福(복)—복。 화(禍)의 반대。

(八) 童僕勿用俊美,하고 妻妾切忌艶妝。하라

사내 아이 종은 준수하고 아름다운 것을 쓰지 말고, 아버와 첩은 절대로 곱게 단장하는 것을 금하라.

[註] ○童僕(동복)—사내 아이 종. ○勿用(물용)—쓰지 마라. 勿은 금지사(禁止辭). ○俊美(준미)—준수하고 아름다운 것. 뛰어나게 아름다움. ○妻妾(처첩)—아내와 첩. ○切忌(체기)—일체 금함. 절대로 금함. ○艷粧(염장)—곱게 단장하는 것.

[九] 祖宗이 雖遠,이나 祭祀를 不可不誠.이오 子孫이 雖愚,나 經書를 不可不讀.이니라

조상이 비록 멀다 할지라도 제사를 정성스럽지 않게 모셔서는 안 되고, 자손이 비록 어리석다 할지라도 경서를 읽히지 않아서는 안 된다.

77

〔註〕○祖宗(조종)─시조(始祖)와 중흥(中興)의 임금의 뜻도 있으나 다음 구에 대가 되는 자손(子孫)이 있는 것으로 보아 역대(歷代)의 조상의 뜻임. ○雖(수)─비록 … 할지라도의 재역문자(再譯文字). ○祭祀(제사)─조상이나 신령에게 음식을 올리고 정성을 표하는 예절. ○不可(불가)─안 된다. 옳지 못하다. 할 수 없다. ○不誠(불성)─정성을 다하지 않는 것. ○愚(우)─어리석음. ○經書(경서)─성인(聖人)의 책. 곧 사서오경(四書五經)과 같은 유교의 성전(聖典). 경전(經典). 보통 십삼경이라면 주역(周易)·서경(書經::尚書)·시경(詩經::毛詩)·주례(周禮)·의례(儀禮)·예기(禮記)·춘추좌씨전(春秋左氏傳)·춘추공양전(春秋公羊傳)·춘추곡량전(春秋穀梁傳)·효경(孝經)·논어(論語)·맹자(孟子)·이아(爾雅). 사서(四書)는 대학(大學)·중용(中庸)·맹자(孟子)·논어(論語). 삼경(三經)은 시경·서경·주역. ○不讀(부독)─읽지 않음. 읽히지 않음.

[一〇] 居身에 務期儉樸、하고 教子에 要有義方。이니라

몸을 갖는 데는 힘써 검소하고 질박하여야 하고, 자식을 가르치는 데는 꼭 신의를 지키도록 하는 방법이 있어야 한다.

[註] ○居身(거신)—처신. 몸을 가짐. ○務(무)—힘써. 힘쓰다. ○期(기)—기약함. ○儉樸(검박)—검소하고 질박함. 꾸밈새 없이 소박함. ○教子(교자)—자식을 가르침. ○要(요)— 꼭. 요함. ○義方(의방)—신의를 지키도록 하는 방법. 아버지 가 아들을 교육하는 일을 이름.

[一一] 莫貪意外之財、하고 莫飲過重之酒。하라

생각 밖의 재물은 탐하지 말고, 지나치게 많은 술을 마시지 말 라。

【註】 ○莫貪(막 탐)─탐하지 말라. 욕심버지 말라. 莫은 금지사 (禁止辭). ○意外(의외)─생각 밖. 뜻밖. ○意外之財(의외지재)─자기 부수밖의 재물. ○飮(음)─마시다. ○過重(과중)─너무 무거움. 너무 양이 많아서 무겁다는 뜻. ○酒(주)─술.

〔三〕與肩挑貿易엔 毋佔便宜하고 見窮苦親鄰엔 須加溫卹하라.

행상과 물건을 팔고 살때에는 값이 쌈만 엿보지 말고, 가난하고 과로운 친한 이웃을 보았을 때에는 반드시 온정을 더하여 진휼하라.

〔註〕 ○與(여)─…과. 더블어. ○肩挑(견도)─등에 멤. ○貿易(무역)─팔고 사고 함. 교역 함. ○佔(점)─엿보다. 覘과 같음.

○便宜(편의)―편리하고 마땅함。 형편。 형편을 살핌。 값이 쌈。
○窮苦(궁고)―가난하고 고생 됨。 가난하고 괴로움。 ○須(수)―반
드시。 모름지기。 ○親鄰(친린)―친한 이웃。 隣은 鄰의 속자(俗字)。 ○溫卹(온휼)―온정으로 진휼(賑恤)함。 恤과
같음。 邱은 卹의 와자(譌字)。

【三】刻薄成家,면 理無久享。이오 倫常乖舛,이면 立
見消亡。이니라

　아주 인색하게 재물을 모아서 한 집을 이루면 이치가 오래 누리지
못하고, 윤리와 도리에 틀리면 곧 사라져 없어지는 것을 보게 된
다。

〔註〕 ○刻薄(각박)―모나고 인정이 없음。 아주 인색함。 ○成家(성가)―

재물을 모아 한 집안을 이루는 것. 학문이나 기예 등으로 하나의

체계를 이루는 것. ○理(리)— 이치. 도리. ○久享(구향)—오래도

록 누리는 것. 오래도록 향유(享有)함. ○倫常(윤상)—사람이 지

켜야 할 도리. 오륜(五倫). 오상(五常). 곧 부자유친(父子有親)·

구신유의(君臣有義) 부부유별(夫婦有別)·장유유서(長幼有序)·붕우유

신(朋友有信)으로 삼강(三綱：君爲臣綱·父爲子綱·夫爲婦綱)과 더불어

인류 생활의 기본으로 삼고 있음. ○乖舛(괴천)—어그러짐. 틀림.

○立(립)—곧. ○消亡(소망)—사라져 없어짐. 없어짐.

〔四〕兄弟叔姪은 須分多潤寡요 長幼內外는 宜法

肅辭嚴 이니라

형제와 숙질 사이는 반드시 많은 것을 나누어 갖고 적은 것은 더해 주어

야 하며, 어른과 어린이, 남편과 아내 사이는 마땅히 법도와 언행이

엄숙해야 한다.

〔註〕○兄弟(형제)―형과 아우. ○叔姪(숙질)―아저씨와 조카. 삼촌과 조카. ○分多(분다)―많은 것을 유택하게 함. ○潤寡(윤과)―적은 것을 유택하게 함. ○內外(내외)―부부. 남편과 아내. 안팎. ○長幼(장유)―어른과 아이. ○法肅(법숙)―법이 엄숙함. ○宜(의)―마땅히 …할 것이다. ○辭嚴(사엄)―말이 엄정함. 「法肅辭嚴」은 말과 법도가 엄숙함의 뜻으로, 辭法嚴肅의 호문형(互文型).

〔五〕聽婦言乖骨肉,이면 豈是丈夫,이며 重貨財薄父母,면 不成人子,니라

남편이 부인의 좋지 못한 말을 듣고, 부모, 형제의 사이가 어그러진다면 어찌 이를 대장부라 할 수 있겠으며, 재물만을 귀중히 여기고 부모를 박대한다면 사람의 자식이 될 수는 없는

것이다。

〔註〕○聽(청)—듣다。○婦言(부언)—아내의 말이나、여기서 아내가 골육을 이간시키는 좋지 못한 말을 가리킨다。○乖(피)—어그러지다。○乖離。○骨肉(골육)—뼈와 살。여기서는 骨肉之親을 가리키는 말로 부모、형제의 사이。○豈(기)—어찌하여서、어찌、설마、등의 뜻을 나타내는 반어(反語)。○是(시)—곧。이。바로。여기서는 아내의 말을 듣고 골육간에 어그러지는 사람을 가리킨다。○丈夫(장부)—사나이。大丈夫。○重(중)—커중히 여김。○貲財(자재)—재물(財物)。○薄(박)—박대(薄待)함。○不成(불성)—될 수 없다。○人子(이자)—사람의 아들。이루지 못하다。

〔三六〕嫁女엔 擇佳婿하되 毋索重聘하고 娶媳엔 求淑女하되 勿計厚奩하라

딸을 시집보내는 데는 재주와 성품이 뛰어난 사위를 고르되 많은 폐백을 보내어 부르는 곳을 찾지 말고、며느리를 얻는 데는 덕행을 갖춘 얌전하고 아름다운 품격을 지닌 여자를 구하되 흑한 예물이 나 혼수를 생각하지 말라。

[註] ○嫁女(가녀) — 딸을 시집 보냄。 ○擇(택) — 고르다。 가리다。 ○佳婿 (가서) — 재주와 성품이 뛰어난 사위。 婿는 壻로도 씀。 ○索(색) — 찾다。 ○重聘(중빙) — 예를 융성히 하여 부름。 ○娶媳(취식) — 며느리를 얻음。 媳은 며느리。 자부。 ○淑女 (속녀) — 현숙한 여자。 덕행을 구비한 부녀。

교양과 예의와 품격을 갖춘 부녀。 ○訏(계) — 피하다。 생각하다。

○厚奩(후렴) — 후한 혼수와 예물。奩는 匳、籢과 같음。 뜻은 경대。

〔一七〕見富貴、而生諂容者、는 最可恥。요 遇貧窮、而

作驕態者는 賤莫甚。이니라

부유하고 권력 있는 이를 보고서 아첨하는 얼굴을 짓는 것은 가장 부끄러워 해야 할 일이고, 가난하고 궁색한 이들 만나서 교만한 태도를 짓는 것은 천하기가 이보다 심함이 없다.

[註]
○富貴(부귀)—돈이 많고 지위가 높음. ○生(생)—일으키다. 짓다.
○諂容(첨용)—아첨하는 얼굴. ○最可恥(최가치)—가장 부끄러워 해야 함.
○遇(우)—만남. ○貧窮(빈궁)—가난하고 궁색한 것.
作(작)—짓다. ○驕態(교태)—교만한 태도. ○賤莫甚
(천막심)—천하기가 이보다 심함이 없음.

〔八〕居家에 戒爭訟하라 訟則終凶。이니라 處世에 戒
多言하라 言多必失。이니라

집에 살며 다투고 송사하는 것을 경계하라、송사하면 마침내 흉할
것이다。 세상에서 살아감에 말 많은 것을 경계하라、 말이 많으
면 반드시 실수한다。

〔註〕 ○居家(거가)— 집에 있음。 ○戒(계)— 경계하라。 ○爭訟(쟁송)— 송
사하며 다툼。 ○終凶(종흉)— 마침내 흉하다。 ○處世(처세)— 세상에
서 살아감。 ○多言(다언)— 말이 많음。 수다함。 ○言多必失(언다필
실)— 말이 많으면 꼭 실수가 있다는 것。

〔一九〕 勿恃勢力、而凌逼孤寡、하고 毋貪口腹、而恣
殺牲禽。하라

세력을 믿고서 외로운 과부를 능욕하거나 핍박하지 말고、음식을
탐하여서 희생이나 가금을 함부로 죽이지 말라。

【註】 ○恃(시)―믿다. ○勢力(세력)―위세. 권세. ○凌逼(능핍)―업신
여기고 핍박하는 것. 능욕하고 첩박함. ○孤寡(고과)―고아와 과부
가 본 뜻인데、여기서는 외로운 과부로 봄이 좋겠음. ○貪(탐)―분
수없이 욕심내는 것. ○口腹(구복)―입과 배. 전하여 음식. ○恣殺
(자살)―함부로 죽임. ○牲禽(생금)―희생과 가금. 牲은 제사에 쓰
이는 짐승. 禽은 새의 총칭이나 여기서는 가금으로 봄이 문맥상
타당하겠음.

【三○】乖僻을 自是、면 悔誤―必多。요 頑惰를 自甘、
이면 家道―難成。이니라.

성질이 비꼬임을 스스로 옳게 여기면 잘못을 뉘우침이 반드시
많을 것이고、칠칠치 못함을 스스로 달게 여기면 집안의 법도를

이루기 어렵다.

〔註〕 ○乖僻(괴벽) — 성질이 비꼬임. 과팍하고 편벽됨. ○悔誤(회오) — 잘못을 뉘우침. ○自是(자시) — 스스로 옳게 여김. ○必多(필다) — 반드시 많음. ○頹墮(퇴휴) — 칠칠치 못함. ○自甘(자감) — 스스로 달게 여김. ○家道(가도) — 집안의 법도. ○難成(난성) — 이루기 어려움.

〔三〕狎暱惡少,면 久必受其累,하고 屈志老成,이면 急則可相依.이니라

나쁜 소년들과 가깝게 사귀면 뒤에 꼭 그 괴로움을 받을 것이고, 노련하고 성숙한 사람들에게 뜻을 굽히면 급한 일이 있을 때에 서로 의지할 수 있다.

[註] ○狎暱(압닉)—친하게 가까이 사귐. ○惡少(악소)—나쁜
량 소년. ○累(루)—괴로움. ○屈志(굴지)—의지를 굽힘. ○老成
(노성)—노련하고 성숙한 것. ○相依(상의)—서로 의지함.

[三三]輕聽發言,이면 安知非人之譖愬,라 當忍耐三
思하라 因事相爭,이면 焉知非我之不是,라 須
平心暗想하라

남의 말을 가볍게 듣고서 말을 한다면 어찌 남의 참소가 아
니라는 것을 알겠느냐? 마땅히 참고 견디어 여러 차례 신중히
생각하라. 일로 해서 서로 다툰다면 어찌 나의 옳지 않음을 알
랴? 모름지기 평온한 마음으로 깊이 생각케 하라.

〔註〕 ○輕聽(경청)—가볍게 들음. ○發言(발언)—말을 함. ○安(안)—
어찌 …하라? ○譖愬(참소)—산악한 말로 남을 헐뜯어 없는 죄도
있는 것처럼 웃사람에게 고해 바침. ○忍耐(인내)—참고 견딤. ○
三思(삼사)—여러 번 생각함. 깊이 생각함. ○因事(인사)—일로
해서. 일로 인하여. ○相爭(상쟁)—서로 다툼. ○焉(언)—어찌
…하라? ○不是(불시)—옳지 아니함. ○須(수)—모름지기. 꼭.
반드시. ○平心(평심)—평온한 마음. ○暗想(암상)—깊이 생각함.

〔三〕凡事에 當留餘地하고 得意에 不宜再往이니라
모든 일에 마땅히 여유를 두어야 하고, 뜻을 얻음에 마땅히 두번
하지 않도록 하여야 한다.

〔註〕 ○凡事(범사)—모든 일. ○留(류)—두다. 머무르게 하다. ○餘地
(여지)—남우 땅. 여유. ○得意(득의)—바라던 일이 성취됨. 뜻대

로 되어 만족함. 마음에 듦.
○不宜(불의)— 마땅하지 않음. 뜻에 맞음. 뜻에 얻을 바가 있음.
마땅히 … 아님. ○再往(재왕)—두번
감. 다시 함.

〔四〕施惠는 莫念하고 受恩은 莫忘하라
남에게 은혜를 베푼 것은 생각지 말고, 남에게서 은혜를 받은
것은 잊지 말라.
〔註〕 ○施惠(시혜)—남에게 은혜를 베푸는 것. ○莫念(막념)—생각하지
말라. ○受恩(수은)—남에게서 받은 은혜. ○莫忘(막망)— 잊지
말라.

〔五〕人有喜慶이어든 不可生妬嫉心하고 人有禍患،

이어두 不可生喜幸心。이니라

남에게 기쁨과 경사가 있거든 질투의 마음을 내지 말고, 남에게 재앙과 근심이 있거든 기쁘고 다행한 마음을 가져서는 안 된다.

[註] ○喜慶(희경)—기쁨과 경사。 ○不可(불가)—안 된다。 ○妬嫉心(투질심)—질투하는 마음。 시기하고 미워하는 마음。 ○禍患(화환)—재앙과 근심。 ○喜幸心(희행심)—기쁘고 다행한 마음。

[三六] 善欲人見,은 不是眞善,이오 惡恐人知,는 便是 大惡,이니라

자기의 선을 남에게 보이고자 하는 것, 곧 참 선이 아니고, 자기

의 악을 남이 알까 두려워하는 것은 바로 곧 큰 악이다.

[註] ○善(선)―선. 착한 일. ○欲(욕)―하려함. 하고자 함. ○人見
(인견)―남에게 보임. ○是(시)―곧. 바로. ○眞善
(진선)―참 선. 참다운 착한 일. ○惡(악)―나쁜 일. ○惡
(공)―두려움. ○人知(인지)―남이 앎. ○便是(변시)―다른 것이
없이 바로 곧. ○大惡(대악)―커다란 악. 큰 나쁜 일.

(三七) 見色而起淫心은 報在妻女요 匿怨而用暗箭
은 禍延子孫이니라

여색을 보고서 음란한 마음을 일으키는 것은 감정이 아내나 딸
에게 간음을 하게 하는 것이고, 원한을 숨기고서 불의에 화살을
쏘는 것은 화가 자손에게 미치게 하는 것이다.

〔註〕 ○見色(견색) ― 여색을 봄。

○心(심) ― 마음。 의지。 감정。 ○起淫(기음) ― 음란한 마음을 일으킴。

○報(보) ― 친족간에 간음하다。 치

불다의 뜻이지만 여기서는 간음하다로 봄이 좋겠다。 ○在(재) ― 에。

있어서。猶於也。 ○妻女(처녀) ― 아내。 또는 아내와 딸。 ○匿怨(의

원) ― 원한을 감춤。 ○用(용) ― 사용함。 쓰음。 ○暗箭(암전) ― 불의

(不意)에 쏘는 화살。 ○延(연) ― 미치다。 천연(遷延)하다。 뻗다。

〔二八〕 家門이 和順하면 雖饔飧不繼라도 亦有餘歡。

이오 國課를 早完하면 卽囊槖無餘라도 自得至

樂。이니라

집안이 화목하고 순탄하면 비록 아침 저녁의 끼니를 잇지 못

할지라도 역시 여유와 즐거움이 있을 것이고, 나라의 공과금〔세금〕
을 일찍 완납하면 즉 내 주머니와 전대에 남음이 없을지라
도 마음에 만족하게 여기며 지극히 즐거울 것이다.

〔註〕 ○家門(가문)─집안과 문중. ○和順(화순)─화목하고 순탄함.
○饔飧(옹손)─아침밥과 저녁밥. ○不繼(불계)─잇지 못함. 끊어짐.
○餘歡(여환)─여유있는 즐거움. ○國課(구과)─세금. 공과금. ○
무完(조완)─일찍 완납(完納)함. ○囊橐(낭탁)─주머니와 전대.
○無餘(무여)─남음이 없음. 나머지가 없음. 여유가 없음. ○至樂
(지락)─지극히 즐거움.

〔二九〕 讀書엔 志在聖賢하고 爲官엔 心存君國하라

글을 읽을 적에는 뜻을 성인과 현인에게 두고, 벼슬을 살 적에

는 마음을 임금과 나라에 두어라.

〔註〕 ○讀書(독서)—글을 읽음. ○志(지)—뜻. 마음가짐. ○聖賢
(성현)—성인과 현인. 성인은 아주 학덕이 높아 천하의 사표가
될만한 사람이고, 현인은 학덕은 있되 성인만은 못한 사람. ○爲官
(위관)—벼슬아치가 됨. 벼슬을 삶. ○存(존)—두다. 갖다. ○君
國(군국)—임금과 나라. 군주(君主)가 다스리는 나라.

〔三○〕 守分安命, 하고 順時聽天. 하라

분수를 지키고 운명에 안존(安存)하며, 시세에 순응하고 천명에 따르라.

〔註〕 ○守分(수분)—분수를 지킴. ○安命(안명)—운명에 안존(安存)—함.
운명에 순종함. ○順時(순시)—시세(時勢)에 순응(順應)함. ○聽天
(청천)—천명에 잘 따름.

○爲人이 若此면 庶乎近焉이니라

사람 됨이 이 [이상]와 같다면 소망에 가까울 것이다.

[註] ○爲人 (위인) — 사람 됨. ○若此 (약차) — 이와 같음. 이상과 같음.
○庶乎 (서호) — 바람. 희망. 대현 (大賢). 가까움. 거의 되려 함.
○近焉 (근언) — 가깝다.

98

附録2●

童蒙須知

童蒙須知

晦庵先生 著

중국 송나라 주자(朱子)가 어린이가 알아서 지켜야 할 기본적인 예절에 관해서 적은 책이다.

夫童蒙之學은 始於衣服冠屨하여 次及言語步趨하며 次及灑掃涓潔하며 次及讀寫文字와 及有雜細事宜하여 皆所當知라 今逐目條列하고 名曰 童蒙須知라 若其修身·治心·事親·接物과 與夫窮理盡性之要는 自有聖賢典訓에

昭然可考。라 當次第曉達、하리니 茲不復詳著云。

하노라

대체로 어린이가 배워야 할 것은 의복을 입는 것과, 갓을 쓰는 것과, 신을 신는 것을 비롯하여 다음은 말씨와 걸음걸이에 이르고, 다음은 물뿌리고 먼지를 쓸어 깨끗이 청소하는데 이르며, 다음은 문자를 읽고 쓰는 것과 자질구레한 사리에 합당한 일에까지 모두 마땅히 알아야 한다.

그래서 지금 이것을 조목조목 열거하고 이름을 《동몽수지 童蒙須知》라 하였다. 만약 그의 몸을 닦고, 마음을 다스리고, 부모를 섬기고, 사물에 대해서 모든 이치를 궁구하고 성질을 다하는 요체(要諦)와 같은 것은 스스로 성현(聖賢)의 전훈(典訓)에 밝게 상고되어 있어 마땅히 순서대로 깨달아 통달할 수 있을 것이다, 그러므로 여기서는 다시 자세한 것을 나타내지 않을

겠다.

〔註〕 ○晦庵先生(회암선생)… 중국 남송(南宋)의 대유(大儒). 즉 주자(朱子)의 호. 이름은 희(熹). ○冠屨(관구)… 갓과 신. ○步趨(보추)…

여기서는 갓을 쓰고 신을 신는 예절을 말함.

「步」는 천천히 걷는 것. 「趨」는 종종걸음으로 빨리 걷는

함하여 예절에 따라 걸음걸이. ○灑掃(쇄소)… 물 뿌리고

먼지를 쓰는 것. ○涓潔(연결)… 깨끗이 청소하는 것.

○童蒙須知(동몽수지)… 어린이들이 꼭 알아야 한다는 뜻

으로. 여기서는 책 이름. ○典訓(전훈)…인도(人道)의

가르침. 교훈.

衣服冠屨 第一

옷을 입는 것과 갓을 쓰는 것과 신을 신는 것 등에 관한

예절을 적은 글로 《동몽수지》의 첫째 편이다.

〔三〕大抵爲人에 先要身體端整하나니 自冠巾衣
服鞋襪로 皆須收拾愛護하여 常令潔淨整齊니
라 我先人이 常訓子弟云、男子는 有三緊하니 謂
頭緊・腰緊・脚緊이라 頭는 謂頭巾이니 未冠
者는 總髻요 腰는 謂以絛或帶로 束腰요 脚은
謂鞋襪이니 此三者는 要緊束이오 不可寬慢이니
寬慢하면 則身體放肆하고 不端嚴하여 爲人所
輕賤矣니라

대개 사람이 되어서는 먼저 몸을 단정히 해야 한다. 갓·두건·의복·신·버선으로부터 모두 꼭 정돈하고 아껴 간수해서 항상 깨끗이 정리해야 한다.

우리 선인이 항상 자제들을 가르쳐 이르기를, 『남자는 세가지 매는 것이 있다. 그것은 머리를 매고 허리를 매고 다리를 매는 것을 말한다.』하였다. 머리는 두건을 말하는 것으로 관례(冠禮)를 행하지 않은 사람은 총각(總角)을 짓는 것을 말하고, 허리는 끈이나 띠로써 허리를 묶는 것을 말하고, 다리는 신과 버선을 신는 것을 말하는 것이니, 이 세 가지는 단단히 매야 하되 느슨해서는 안된다. 느슨하면 몸이 방자하고 단엄(端嚴)하지 못해서 사람들에게 가벼움과 천시(賤視)를 당한다.

〔註〕 ○鞋襪(혜말)…신과 버선. ○緊(긴)…매다. ○總髻(총계)를

…총각 머리를 짓는 것. ○放肆(방사)…방자한 것. ○條(조)…실. 끈. ○寬慢(관만)…ㄴ

〔三〕凡著衣服,에 必先提整襟領,하고 結兩衽紐帶,하고 不可令有闕落,하고 飮食,엔 照管,하여 勿令污壞,하며 行路,엔 看顧,하여 勿令泥漬.니라

대체로 의복을 입을 적에는 반드시 먼저 옷깃을 당기어서 가지런히 하고 두 섶을 여미고 띠를 매고 이지러지게 해서는 안되고 음식을 먹을 적에는 잘 처리하여 더럽히지 말며, 길을 갈 적에는 돌아보아서 진흙에 젖게 말아야 한다.

〔註〕○襟領(금령)…옷깃. ○衽(임)…옷섶. ○紐帶(유대)…띠. 끈. ○闕落(궐락)…빠짐. ○照管(조관)…처리함. ○污壞(오괴)…

오손하고 파괴함.

물에 젖음.

○看顧(간고)…돌아 봄.

○泥漬(이지)…흙탕

〔三〕凡脫衣服(엔) 必齊整摺疊箱篋中(하여) 勿散亂頓放(하면) 則不爲塵埃雜穢(에) 所汚(하고) 仍易於尋取(하여) 不致散失(하리라)

대체로 옷을 벗을 적에는 꼭 가지런히 차곡차곡 접어 상자 속에 쌓아 두어 흘어지게 말아야 먼지와 티끌에 더럽혀지지 않고 따라서 찾아 입기가 쉬워서 흘어져 잃지 않는다.

〔註〕○摺疊(접첩)…접어서 쌓아 둠. ○箱篋(상협)…상자. ○頓放(돈방)…삽자기 방자함. ○塵埃(진애)…티끌과 먼지. ○雜

穢(잡예)…여러 가지 더러움.

〔四〕著衣旣久、면 則不免垢膩。니 須要勤勤洗澣、하며 破綻、이어든 則補綴之。니 儘補綴이 無害。하니 只用完潔。이니라

옷을 입은 지가 이미 오래 되었으면 때가 절음을 면하지 못할 것이다. 꼭 잘 빨아야 하며, 해지고 터졌으면 꿰매어야 한다. 누덕누덕 꿰매어도 해롭지 않다. 다만 완전히 깨끗해야 한다.

〔註〕○垢膩(구니)…때가 절음. 「膩」는 기름때. ○勤勤(근근)…매우 부지런함. ○洗澣(세한)…빨음. ○破綻(파탄)…찢어지고 터짐. ○補綴(보철)…깁고 꿰맴. ○儘(진)…억지로.

〔五〕凡盥面엔 必以巾帨로 遮護衣領하고 捲束
兩袖、하여 勿令有所濕하라

대체로 세수를 할 적에는 꼭 수건으로 옷깃을 가리고、 양 소매
를 걷어 올려서 젖는 곳이 있게 말라。

〔註〕○盥面(관면)…얼굴을 씻음。 ○巾帨(건세)…수건。「帨」는 차는 수
건。 ○遮護(차호)…가리어 보호함。 ○捲束(권속)…말아 묶음。걷
어 올림。 ○袖(수)…소매。 ○濕(습)…젖음。

〔六〕凡就勞役、엔 必去上襲衣服、하고 只著短便、
하되 愛護하여 勿使損汚。하라

대체로 일을 하러 나갈 적에는 꼭 덧옷은 벗고 다만 짧고

편한 옷을 입되 아껴서 해지게 하거나 더럽히지 말라.

〔註〕○上襲(상습)…설에 겨입는 옷. 덧옷. ○短便(단편)…짧고 편리한 것.

〔七〕凡日中所著衣服은 夜臥에 必更하면 則不藏蚤虱하며 不卽敝壞하리니 苟能如此하면 則不但威儀可法이라 又可不費衣服이리라 晏子는 一狐裘三十年하니 雖意在以儉化俗하나 亦其愛惜有道也라 此最飭身之要이니 毋忽하라

대체로 낮에 입던 옷은 밤에 잘 적에 꼭 갈아 입으면 벼룩이나 이가 퍼지 않으며 떨어지지도 않는다. 진실로 이와 같이 잘

하면 위의를 본받을 뿐만 아니라, 또 옷을 허비하지도 않을 것이다. 안자(晏子)는 한 벌의 여우 갖옷을 三十년이나 입었다. 이는 비록 그 뜻이 검소함으로써 속인(俗人)을 교화시키려 한 것이지만 또한 옷을 아끼는데 도가 있는 것이다. 이것은 몸을 가장 잘 꾸미는 요체이니 소홀히 말라.

〔註〕 ○不藏蚤虱(부장조슬)… 벼룩이나 이가 숨지 못한다. 벼룩이나 이가 끼지 않는다. ○狐裘(호구)… 여우 가죽의 옷. 여우 갖옷.

語言步趨 第二

말씨와 보통걸음과 종종걸음 등에 관한 예절을 적은 글로 《동몽수지》의 둘째 편이다.

〔二〕凡爲人子弟는 須是常低聲下氣하여 語言
詳緩하고 不可高聲喧鬧하며 浮言戲笑라 父兄
長上이 有所教督이면 但當低首聽受하며 不可
妄有議論하며 長上이 或有過誤라도 不可
便自分解라 姑且隱默다가 久却徐徐細意條陳
云 此事는 恐是如此하니 向者에 當是偶爾遺忘
或曰 當是偶爾思省未至니 若爾면 則無傷
忤하고 事理自明하리니 至於朋友分上도 亦當如
此니라

대체로 사람의 자제가 된 자는 반드시 항상 낮은 소리로 기분을 가라앉히고 말은 자세히 느리게 하고, 큰 소리로 떠들거나 허튼 소리로 시시덕거려서는 안 된다. 부형이나 웃사람이 가르치고 타이르는 바가 있으면 다만 마땅히 머리를 숙이고 받아들이며 망녕되게 의논을 제기해서는 안되며 웃사람이 단속하거나 꾸짖음에 혹 잘못이 있을지라도 곧 스스로 해명해서는 안 된다. 아직 감추어 두고 잠잠히 있다가 오래 된 다음에 천천히 세밀한 뜻을 조목조목 진술하기를, 이런 일은 아마도 이와 같은데 조금 전에는 우연히 잊어버렸읍니다. 혹은 우연히 생각이 나지 않았읍니다. 라고 해야 한다. 이렇게 하면 웃사람을 상심하거나 거슬리게 하지 않을 것이고, 사리가 스스로 분명할 것이니, 친구 이상 되는 이에게도 또한 마땅히 이와 같이 해야 한다.

〔註〕○緩(완) … 느리다. ○喧鬧(훤뇨) … 싸움하다. 싸우다. ○聽受 (청수) … 받아들임. ○姑且隱默(고차은무) … 잠시 감추고 잠잠히

있음. ○傷忤(상오)… 상심하거나 거슬리게 함.

〔三〕凡聞人所爲不善、엔 下至婢僕違過、라도 宜自
包藏、하고 不應便爾聲言、이오 當相告語、하여 使其知
改。니라

대체로 남의 착하지 못한 행위를 들었을 적에는 아래 종들의
잘못에 이르러서도 마땅히 스스로 감싸주고 곧 소리를 내어 떠들
어서는 안되고, 마땅히 일러주어 그들로 하여금 고칠 줄 알도록
해야 한다.

〔註〕○所爲(소위)… 행위. ○婢僕(비복)… 종. 「婢」는 여자 종. 「僕」
은 남자 종. ○包藏(포장)… 감싸 줌.

〔三〕凡行步趨蹌은 須是端正하고 不可疾走跳躑。

若父兄長上이 有所喚召어든 却當疾走而前하되

不可舒緩이니라

대체로 걸음걸이와 추창(趨蹌)은 꼭 단정해야 하고, 빨리 달리거
나 껑충 뛰어서는 안 된다. 만일 부형이나 웃어른이 부르는 바가
있으면 마땅히 빨리 달려가서 앞으로 나가되 느려서는 안 된다.

〔註〕 ○趨蹌(추창)… 예도(禮度)에 맞도록 허리를 굽히고 빨리 걸어감.
　　　○跳躑(도척)… 뛰었다 머뭇거렸다 함.　　○喚召(환소)… 부름.

灑掃涓潔　第三

물 뿌리고 먼지를 쓸어 깨끗이 청소하는데 관한 글로《동몽수

《지》의 셋째 편이다.

〔二〕凡爲人子弟는 當灑掃居處之地하고 拂拭几案하여 常令潔淨하며 文字筆硯과 凡百器用을 皆當嚴肅整齊하여 頓放有常處하고 取用旣畢이면 復置元所하라

대체로 남의 자제가 된 자는 마땅히 거처하는 땅을 물뿌리고 쓸고 책상도 닦아 항상 깨끗이 해야 하며, 문자를 쓰는 붓과 벼루와 모든 그릇을 마땅히 엄숙하게 정돈하여 항상 두는 곳에 놓아두고, 가져다 쓴 다음이면 다시 제자리에 두어야 한다.

〔註〕 ○拂拭(불식)…털고 닦음. ○頓放(돈방)…가지런히 제자리에 둠. ○取用旣畢(취용기필)…가져다 쓰기를 이미 마침. 다 썼음. ○元所

（원소）…제자리。

〔三〕凡父兄長上坐起處、에 文字紙劄之屬、이 或
有散亂、이면 當加意整齊、하고 不可輒自取用。이라

대체로 부형이나 웃어른이 좌거（坐居：일을 보는 곳）하는 곳에
문서·종이붙이가 혹 어지럽게 흩어져 있는 것이 있으면 마땅
히 마음을 써서 정리해야 하고, 문득 스스로 가져다가 써서는 안
된다。

〔註〕○坐起處（좌기처）…앉았다 일어났다 하는 곳。일을 보는 곳, 일어
나 앉아 있는 곳。 ○文字紙劄之屬（문자지차지속）…문자（文字）로
종이에 기록한 문서붙이。 ○加意（가의）…마음을 더함。마음을 씀。
주의함。 ○輒（첩）…문득。

116

〔三〕凡借人文字는、皆置簿하여 抄錄主名이라가 及時取還하라.

대체로 남에게서 책을 빌었을 적에는 모두 장부에 적어 두고 주인의 이름을 뽑아 기록했다가 때가 되면 가져다 주어라.

〔註〕○置簿(치부)…치부(治簿)해 둠. 문서에 적어 둠. ○抄錄(초록)…뽑아 기록함. 알아보기 쉽게 간기(簡記)함. ○取還(취환)…가져다 돌려줌.

〔四〕窓壁几案文字間에 不可書字이니 前輩云、壞筆汚墨은 瘝弟子職이오 書几書硯은 自黥其面이라하니 此爲最不雅潔이니 切宜深戒하라.

창이나 벽이나 책상이나 책 사이에 글자를 써서는 안되다.

그래서 선배들이 이르기를 『붓을 파괴하고 먹을 더럽히게 하는

것은 제자의 직책을 병들게 하는 것이고, 책상에 낙서를 하거나

벼룩에 낙서를 하는 것은 스스로 자기의 얼굴에 자자하는 것이다

하였으니. 이는 가장 마음이 고상하고 깨끗치 못한 것이다. 절실히

의당 깊이 경계하라.

〔註〕 ○癏(관)... 병들다. ○自黥其面(자경기면)...스스로 자기의 얼굴을 자

자함. 「黥」자가 「黥」으로 된 책도 있으나 「黥」자가 적절하겠음. 「黥」은 얼굴

에 입묵(入墨)하는 형벌, 자자함. ○雅潔(아결)...마음이 고상하고

깨끗함.

讀書寫文字 第四

책 읽기와 글씨쓰기의 예절에 관한 글로 《동몽수지》 넷째 편이다.

〔二〕凡讀書에 須整頓几案하여 令潔淨端正하고 將書冊整齊頓放하고 正身體對書冊하여 詳緩看字하며 仔細分明讀之하되 須要讀得字字響亮하고 不可誤一字하며 不可少一字하며 不可多一字하며 不可倒一字하며 不可牽强暗記니라 只是要多誦遍數하면 自然上口하여 久遠不忘이니라 古人云讀書千遍에 其義自見이라하니 謂讀得熟하면 則不待解說에 自曉其義也니라 余嘗謂讀書有三到하니 謂心到 眼到 口到니라 心不在此면 則眼不

看仔細、하고 心眼이 旣不專一하면 却只漫浪誦讀、이라 決不能記요 記亦不能久也니라 三到之中에 心到最急하니 心旣到矣면 眼口豈不到乎아

대체로 독서할 적에는 꼭 책상을 정돈하여 정결히 단정하게 하고, 곧 책도 정제하게 정돈해 놓고 몸을 바르게 하고서 책을 대하여 상세히 천천히 글자를 보아 자세하고 분명하게 읽되 꼭 글자마다 밝은 소리로 읽고, 한 자라도 틀려서는 안 되며 한 자라도 많아서는 안 되고 한 자라도 거꾸로 읽어서는 안 되며 억지로 외워서도 안 된다. 다만 여러 번 읽으면 자연히 입에 올라 오래 되어도 잊어지지 않는다. 그래서 옛 사람이 이르기를, 「책을 천 번을 되풀이 해서 읽으면, 그 뜻이 저절로 나타난다」고 했으니, 이것은 읽을 적에 익숙하게 읽으면 해설을 기다리지 않고도 스스로 그 뜻을 깨닫게 되다는 것을

이른 것이다. 나는 일찌기 독서에는 삼도(三到)가 있다고 하였다.
그것은 심도(心到)·안도(眼到)·구도(口到)를 이른다. 마음이 이
에 있지 않으면 눈이 자세히 볼 수가 없고, 마음과 눈이 이미 전일
하지 않으면 도리어 다만 건성으로 송독할 뿐이라 결코 기억할
수가 없고, 기억한들 또한 오랠 수가 없다. 삼도 가운데에 심도가
가장 요긴하니, 마음이 이미 이르면 눈과 입이 없이 어찌 이르지 않겠는가?

〔註〕○響亮(향량)… 소리가 밝음. ○牽强(견강)… 억지로. 강제로.
○遍數(편삭)… 횟수를 자주. 여러 번. ○心到(심도)… 마음이
한 곳으로 집중함. ○眼到(안도)… 눈이 한 곳으로 집중함. ○口到
(구도)… 입이 한 가지 책만 읽고 딴 말을 하지 않음. ○漫浪(만
랑)… 일정한 직업이 없이 각처를 떠돈다는 뜻이나, 여기서는 건성으로
의 뜻. ○最急(최급)… 가장 요긴한 것.

〔三〕凡書册은 須要愛護하고 不可損汚綌摺이니 濟

陽江祿、은 讀書未竟、에 雖有急速、이라도 必待掩束
整齊然後起。하니 此는 最爲可法。이라

대체로 책은 꼭 아껴 간수해야 하고 찢거나 더럽히거나 구기거나
접어서는 안 된다. 제양(濟陽) 강녹(江祿)은 독서를 마치지 않았을
적에 비록 급한 일이 있어도 반드시 책을 덮어 정리한 후에야 일어
나다고 하니, 이것은 가장 본받을 만한 것이다.

【註】○損汚縐摺(손오추접)…찢고 더럽히고 구기고 접히는 것. ○濟陽(제
양)…중국 하남성(河南省)에 있는 땅 이름. ○江祿(강녹)…중국 남
북조 시대 양(梁)나라의 고성(考城) 사람. 자는 언하(彦遐). 상동
왕(湘東王)의 참군(參軍). 저서에 《열선전(列仙傳)》이 있다.

〔三〕凡寫文字、에 須高執墨錠、하고 端正研磨、하여 勿

使墨汁으로 汚手하며 高執筆雙鉤하며 端楷書字하여
不得令手指著毫니라

대체로 글씨를 쓸 적에는 꼭 먹덩이를 높이 잡고 단정히 먹을 갈아 먹물이 손을 더럽히지 않게 하며 붓을 높이 잡고 쌍구를 하며 글씨는 단정하고 바르게 써서 손끝이 닿지 않도록 해야 한다.

[註] ○墨鋌(묵정)…먹덩어리. ○雙鉤(쌍구)…운필법(運筆法)의 하나. 엄지손가락、 가운데손가락으로 붓대를 겹쳐 잡고 약손가락으로 받쳐 쥐는 방법. 단구(單鉤)의 대.

[四] 凡寫字는 未問寫得工拙如何하고 且要一筆
一墨이 嚴正分明하여 不可潦草니라

대체로 글씨를 쓸 적에는 잘 썼느냐 못 썼느냐의 여하를 묻지 말고, 또 한 붓 한 먹이 엄정하고 분명하여 성질이 조잡하여서는 안 된다.

[註] ○工拙(공졸)…잘 되고 못 됨. ○一筆一墨(일필일묵)…한 번 붓이 가고 한 번 먹이 묻혀짐. ○潦草(노초)…성질이 조잡함. 조루함.

〔五〕凡寫文字,엔 須要仔細看本,하여 不可差誤니라

대체로 글씨를 쓸 적에는 꼭 대본을 자세히 보고 들리거나 잘못 쓰는 일이 없어야 한다.

雜細事宜 第五

잡되고 잘달면서 적당한 일의 여의에 관한 글로서《동몽수지》의 다섯째 편이다.

〔二〕 凡子弟,는 須要早起晏眠。하라

〔註〕○晏眠(안면)… 늦게 잠.

대체로 자제는 꼭 일찍 일어나고 늦게 자야 한다.

〔三〕 凡喧鬨鬪爭之處,는 不可近。이오 無益之事,는 不可爲。니 謂如賭博·籠養·打毬·踢毬·放風禽等事。니라

대체로 떠들고 싸우는 곳에는 가까이 해서는 안되고 무익한 일은 해서는 안된다. 도박이나 농 속에 가두어 기르거나 공을 치거나 풍경을 치거나 하는 등의 일과 같은 것을 이른다.

〔三〕凡飮食은 有則食之하고 無則不可思索이니 但

대체로 음식은 있으면 먹고 없으면 찾아서는 안 된다. 다만 즉이라도 굶

주림만 채우면 되나 철해서는 안 된다.

粥飯充飢나 不可闕이니라

〔四〕凡向火엔 勿迫近火傍이니 不惟擧止는 不佳,

且妨焚爇衣服이리라

대체로 불을 향하여는 불곁에 닥뜨려 가까이 말라. 행동을 생각

지 않는 것은 아름답지 못하고, 장차 곁리어 의복을 태울 것이다.

〔五〕凡相揖엔 必折腰하라

대체로 서로 읍할 적에는 반드시 허리를 구부려야 한다。

[六] 凡對父母長上朋友、에 必稱名。하라

대체로 부모나 윗어른이나 친구를 대할 적에는 반드시 이름을 대야 한다

[七] 凡稱呼長上、에 不可以字、요 必云某丈、하며 如 第行者、어든 則云某姓某丈。하라

대체로 어른을 부를 적에는 자를 불러서는 안되고 반드시 아무개 어른이라고 해야 하며、만약 항렬이 있는 이면 무슨 성의 아무개 어른이라 해야 한다。

[八] 凡出外及歸、에 必於長上前에 作揖。이니 雖暫

出, 이라도 亦然。하라

대체로 외출했다가 돌아왔을 적에는 반드시 웃어른 앞에 나가서 읍을

해야 한다。 비록 잠깐 나가더라도 또한 마찬가지이다。

〔九〕凡飮食於長上之前、엔 必輕嚼緩嚥、하며 不可

聞飮食之聲。이니라

대체로 어른 앞에서 음식을 먹을 적에는 반드시 가볍게 천천히 삼키

며、먹는 소리가 들려서는 안 된다。

〔一〇〕凡飮食之物、은 勿爭較多少美惡。하라

대체로 음식물은 많거나 적거나 맛이 좋거나 나쁘거나를 비교하여 다

투지 말라。

〔三〇〕凡侍長者之側엔 必正立拱手하고 有所問이어
則必誠實히 對하고 言不可妄이니라

대체로 어른을 곁에서 모실 적에는 반드시 똑바로 서서 손길을 맞잡고, 끌으시는 바가 있으시거든 반드시 성실하게 대답하고 말을 망녕되게 해서는 안 된다.

〔三一〕凡開門揭簾엔 須徐徐輕手하여 不可令震驚響이라

대체로 문을 열거나 발을 걷어 올릴 적에는 꼭 천천히 손을 가볍게 하여 진동하여 놀라는 소리를 내서는 안 된다.

〔三二〕凡衆坐엔 必斂身하고 勿廣占坐席하라

대체로 여럿이 앉았을 적에는 반드시 몸을 움츠리고 넓게 돼

석을 차지해서는 안 된다.

[四] 凡侍長上,엔 行必居路之右,하고 住必居左。

하라

대체로 어른을 모시고 나갈 적에는 곁을 때는 반드시 길 오른쪽에 있

어야 하고, 머무를 때는 반드시 왼쪽에 있어야 한다.

[五] 凡飮酒,엔 不可令至醉。니라

대체로 술을 마시는데는 취하는 데까지 이르게 해서는 안 된다.

[六] 凡如厠,엔 必去上衣,하고 下必浣手。하라

대체로 변소에 갈 적에는 반드시 웃옷을 벗고, 나와서는 반드시 손을

씻어라。

〔七〕凡夜行〈엔〉必以燈燭、하고 無燭則止。하라

대체로 밤에 다닐 적에는 반드시 등불을 가지고 가야 하고, 등불이 없으면 그만두어라。

〔八〕凡待婢僕〈엔〉必端嚴、하고 勿得與之嬉笑、하며 執器皿〈엔〉必端嚴、하여 惟恐有失。이니라

대체로 종을 대할 적에는 반드시 단정하고 엄숙해야 하며 그들과 희롱해서는 안되다。 그리고 그릇을 잡았을 적에는 반드시 단정하고 엄숙하여야 하며 오직 실수가 있을까 두려워해야 한다。

〔九〕凡危險은 不可近。이니라

대체로 위험한 곳에는 가까이 가서는 안되라

〔三0〕凡道路、에 遇長者、면 必正立拱手、하고 疾趨而

揖。이니라

대체로 도로에서 어른을 만나면 반드시 똑바로 서서 손길을 맞잡아야

하고 빨리 달려와 읍을 해야 한다.

〔三一〕凡夜臥、엔 必用枕、하고 勿以寝衣、로 覆首。하라

대체로 밤에 잘 적에는 반드시 베개를 베고, 잠옷으로 머리를 덮

어쓰지 말라.

〔三二〕凡飲食、엔 擧匙、면 必置箸、하고 擧箸、면 必置匙、

132

하고 食已면 則置匙箸於案이니라

대체로 음식을 먹을 적에는 수저를 들면 반드시 젓가락을 놓고, 젓가락을 들면 반드시 수저를 놓는다. 먹기를 끝내면 수저와 젓가락을 상 위에 놓는다.

[三] 雜細事宜엔 品目이 甚多나 姑擧其略하나니 然이나 大槪具矣니라

잔다란 일에 적의한 품목이 매우 많지만 임시로 그 대략만을 열거한다. 그러나 대개는 갖추어 있다.

[四] 凡此五篇을 若能遵守不違면 自不失爲謹愿之士요 必又能讀聖賢之書하여 恢大此心하여 進

德修業、하면 入於大賢君子之域、이 無不可者。이니
汝曹는 宜勉之。하라

대체로 이 다섯 편을 만일 잘 준수하여 어기지 않으면 스스로
삼가고 근신하는 선비가 되는데 실수를 않을 것이고, 반드시 또
잘 성현들의 글을 읽어서 이런 마음을 크게 하여 덕으로 나아가 업을
닦으면 크게 어진 군자의 지경으로 들어가는데 안되는 자가 없을 것
이니, 너희들은 마땅히 이를 힘써 하라.

附録 3 ●

故事成語

故事成語

「ㄱ」

가가대소(呵呵大笑) 큰 소리로 껄껄 웃음.

가감지인(可堪之人) 말은 일을 감당할 만한 사람.

가담항설(街談巷說) 길거리나 항간에 떠도는 소문.

가서만금(家書萬金) 집에서 온 반가운 편지.

각골난망(刻骨難忘) 남의 은공이 뼈에 새겨져 잊혀지지 아니함.

감언이설(甘言利說) 남의 마음에 맞도록 비위를 맞춰 꾀는 말.

갑남을녀(甲男乙女) 신분도 없고 이름도 알려지지 않은 평범한 사람들.

강병부국(強兵富國) 무력이 강하고 넉넉한 나라.

강산지조(江山之助) 산수의 아름다움이 사람의 시정을 도움.

강장지년(強壯之年) 원기가 왕성한 나이. 三〇대를 이름.

강철지추(強鐵之秋) 강철이 가는 데는 봄도 가을이라는 뜻.

강호연파(江湖煙波) 강·호수 위에 안개처럼 보얗게 이는 잔물결.

건조무미(乾燥無味) 아무런 운치가 없음. 재미나 취미가 없고 메마름.

견마지로(犬馬之勞) 자신의 노력을 겸손히 쓰는 말.

견물생심(見物生心) 실물을 보면 욕심이 생긴다는 말.

견인불발(堅忍不拔) 굳게 참고 견디어 마음을 지킨다는 말.

결초보은(結草報恩) 죽어 혼령이 되어도 은혜를 잊지 않고 갚겠다는 뜻.

겸인지용(兼人之勇) 능히 몇 사람을 당해 낼 만한 용기.

경이원지(敬而遠之) 겉으로는 존경하는 체하며 속으로는 멀리함.

고장난명(孤掌難鳴) 일은 여럿이 해야지 혼자서는 어렵다는 뜻.

고진감래(苦盡甘來) 고생이 끝나면 즐거움이 온다는 말.

골육상쟁(骨肉相爭) 부자·형제 또는 동족끼리 서로 싸우는 일.

공중누각(空中樓閣) 터무니 없는 생각이나 망상.

과대망상(誇大妄想) 지나치게 과장하여 사실처럼 믿는 터무니 없는 생각.

관포지교(管鮑之交) 친구간에 우애의 돈독이 이루 말할 수 없다는 말.

교언영색(巧言令色) 교묘한 말과 애교있는 얼굴로 남의 비위를 맞춤.

구사일생(九死一生) 여러 번 죽을 고비를 넘기고 간신히 목숨을 건짐.

구우일모(九牛一毛) 많은 것 가운데서 가장 적은 것을 일컫는 말.

군계일학(群鷄一鶴) 평범한 사람 가운데의 뛰어난 사람을 말함.

구절양장(九折羊腸) 양의 창자처럼 꼬불꼬불한 험한 산길.

궁조입회(窮鳥入懷) 궁한 사람이 와서 의지함을 비유. 궁할 때는 적에게도 의지함을 비유.

권모술수(權謀術數) 목적을 위해서 수단·방법을 가리지 않고 교묘하게 사람을 속이는 꾀.

권불십년(權不十年) 아무리 높은 권세라도 십년을 가지 못한다는 말.

권선징악(勸善懲惡) 선행을 권장하고 악행을 징계함.

권토중래(捲土重來) 한 번의 실패에 급히지 않고 힘차게 다시 일어남.

근주자적(近朱者赤) 주사(朱砂)를 가까이 하면 그 사람마저 붉어진다는 말.

금과옥조(金科玉條) 금옥과 같이 귀중히 여기어 신봉하는, 법칙이나 규정.

금상첨화(錦上添花) 좋고 아름다운 것에 더 좋고 아름다운 것을 더함.

금슬지락(琴瑟之樂) 부부 사이의 화목한 즐거움.

금의야행(錦衣夜行) 아무 보람이 없는 행동의 비유.

금의환향(錦衣還鄉) 출세하여 고향에 돌아 옴.

금지옥엽(金枝玉葉) 귀여운 자손을 소중히 일컫는 말.

기거무시(起居無時) 자기 마음대로의 속박없는 자유스러운 생활을 말함.

기상천외(奇想天外) 보통 사람이 전혀 생각할 수 없는 기발한 일.

「ㄴ」

난상공론(爛商公論) 여러 사람이 자세하게 의논함.

난형난제(難兄難弟) 두 사람의 우열을 분간하기 어려움의 비유.

남가일몽(南柯一夢) 한 때의 헛된 부귀 영화를 일컫는 말.

남부여대(男負女戴) 가난한 사람들이 이리저리 떠돌아 다니며 사는 것.

내우외환(內憂外患) 나라 안팎의 근심 걱정.

「ㄷ」

단도직입(單刀直入) 너절한 허두를 빼고 요점으로 풀이하여 들어감.

당구폐풍월(堂狗吠風月) 문맹이라도 유식자와 같이 지내면 유식해진다는 말.

대기만성(大器晚成) 크게 될 인물은 늦게 이뤄진다는 뜻.

동문서답(東問西答) 묻는 말에 아주 딴판으로 대답함을 말함.

동병상련(同病相憐) 곤란한 처지

에 있는 사람끼리 동정하고 도움.

동상이몽(同床異夢) 겉으로는 같이 행동하면서 속으로는 딴 생각을 품고 있음의 비유. 같은 입장

· 일인데도 목표가 다름을 말함.

동족방뇨(凍足放尿) 한때의 도움이 될뿐 곧 효력이 상실됨을 말함.

두문불출(杜門不出) 문을 걸어 닫고 바깥 출입을 않음.

등화가친(燈火可親) 가을 밤은 등불 가까이 해 책 읽기에 심기가 좋다는 말.

「ㅁ」

마이동풍(馬耳東風) 남의 말을 전혀 귀담아 듣지 아니함.

막역지우(莫逆之友) 매우 친하여 허물이 없는 벗.

만휘군상(萬彙群象) 온갖 일과 물건. 세상 만물의 현상.

명경지수(明鏡止水) 맑은 거울과 조용한 물처럼 고요한 심경을 말

함.

명실상부(名實相符) 이름과 실상이 모두 부합되는 일.

명약관화(明若觀火) 불을 보듯 분명한 일. 뻔한 일.

명재경각(命在頃刻) 금방 숨이 끊어질 지경에 이름. 거의 죽게 됨.

무고작산(無故作散) 아무 까닭없이 벼슬을 빼앗아 버림.

무릉도원(武陵桃源) 이세상과 따로 떨어진 별천지의 뜻.

무소부지(無所不知) 모르는 것이 없음.

무족지언 비천리(無足之言飛千里) 발 없는 말이 천리를 간다는 말.

물아일체(物我一體) 주관과 객관이 혼연 일체가 됨.

미관말직(微官末職) 지위가 아주 낮은 벼슬.

미량어염(米糧魚鹽) 일상 생활에 필요한 식료품.

민고민지(民膏民脂) 조세로 거둬들인 돈의 뜻으로 백성의 피와 땀을 일컬음.

「ㅂ」

박이부정(博而不精) 넓게는 보지만 자세하지 못함.

반복무상(叛服無常) 배반했다 복종했다 하여 그 태도가 일정치 않음.

반복소인(反覆小人) 늘 줏대가 없어 그 마음을 알 수가 없는 옹졸한 소인배.

반식자우환(反識字憂患) 도리어 글자를 아는 것이 근심이 됨.

발본색원(拔本塞源) 폐단의 근원을 아주 뽑아 없애 버림.

백년가약(百年佳約) 남녀가 결혼하여 평생을 아름답게 지내자는 언약.

백년하청(百年河清) 아무리 오래 되어도 사물이 이루어지기 어렵다는 말.

백의종군(白衣從軍) 벼슬이 없는 사람으로 군대를 따라 전쟁터로 나감.

백자천손(百子千孫) 많은 자손.

백절불굴(白折不屈) 수없이 꺾여도 굽히지 않음.

백미(白眉) 많은 것 중에서 가장 뛰어난 것.

변화난측(變化難測) 변화함이 이루 헤아릴 수 없음.

복지유체(伏地流涕) 땅에 엎드려 눈물을 흘리며 욺.

부담복철(不踏覆轍) 앞서 간 사람의 실패를 되풀이 하지 않음.

부화뇌동(附和雷同) 자기 주견이 없이 남이 하는 대로 무턱대고 따라 감.

북망산천(北邙山川) 사람이 죽어서 가는 곳.

북문지탄(北門之嘆) 벼슬은 했지만 뜻대로 성공치 못해 그 곤궁함을 한탄함.

북창삼우(北窓三友) 거문고(琴)、술(酒)、시(詩)의 일컬음.

분골쇄신(粉骨碎身) 뼈가 가루가 되고 몸이 부서지도록 애써 노력함.

분기충천(忿氣衝天) 분한 기운이 하늘에 솟구치듯 대단함.

분서갱유(焚書坑儒) 진시황 때의 일로 잔인하고 포악한 문화 말살 정치.

불공자파(不攻自破) 치지 않아도 스스로 파멸함.

불구대천(不俱戴天) 이 세상에서 같이 살 수 없는 원수를 일컬음.

불요불굴(不撓不屈) 한번 결정한 마음이 흔들리거나 굽힘이 없는 억셈.

불편부당(不偏不黨) 어느 한 쪽에도 치우치지 않은 중립적 태도.

「人」

사고무친(四顧無親) 아는 사람 또는 의지할 데가 전혀 없음.

사면초가(四面楚歌) 전후 좌우로 적에게 둘러싸여 곤경에 처함.

사필귀정(事必歸正) 이 세상 모든 일은 반드시 바른 데로 돌아감.

산전수전(山戰水戰) 험난한 모든 세상 일에 대한 경험이 많음.

산해진미(山海珍味) 잘 차린 진귀한 음식.

삼성오신(三省吾身) 매일 세 번씩 자신이 한 일을 반성함.

삼인성호(三人成虎) 근거 없는 말도 여럿이 떠들면 곧이 듣게 된다는 뜻.

상전벽해(桑田碧海) 세상사의 덧없는 변화의 심한 것을 비유.

새옹지마(塞翁之馬) 화가 되고, 복이 화가 되었다는 고사(古事).

설상가상(雪上加霜) 엎친 데 덮친 격으로 불행이 거듭됨을 말함.

속수무책(束手無策) 어찌할 방책이 없이 꼼짝할 수 없음.

수구초심(首邱初心) 고향을 그리워 하는 마음을 말함.

수수방관(袖手傍觀) 직접 간섭하지 않고 내버려 둠.

수의고고(守義枯槁) 의를 지킴으로써 당하는 여윔.

순망치한(脣亡齒寒) 서로 의지하며 돕던 것이 없어져 고립된 상태에 놓임.

시종일관(始終一貫) 처음부터 끝까지 한결같이 관철함.

식소사번(食少事煩) 먹을 것은 적고 할 일이 많음.

신상필벌(信賞必罰) 상벌을 공정 엄중히 하는 일

신출귀몰(神出鬼没) 자유 자재로 출몰하여 그 변화를 헤아리지 못함.

「ㅇ」

아비규환(阿鼻叫喚) 심한 참상(慘狀)을 형용하는 말.

아전인수(我田引水) 자기에게 이롭게만 하려 드는 일을 말함.

안하무인(眼下無人) 든 사람들을 업신 여김. 교만하여 모

양두구육(羊頭狗肉) 겉은 훌륭하나 속이 변변치 못함.

양호지환(養虎之患) 화근을 길러 걱정거리를 만듦.

어부지리(漁父之利) 양쪽에서 싸우는 틈을 이용 제삼자가 애쓰지 않고 가로챈 이득.

억강부약(抑強扶弱) 강자를 누르고 약자를 돕는 일

언어도단(言語道斷) 너무 어이가 없어 할 말이 없음.

언중유언(言中有言) 말 가운데 다른 말(言)이 있다는 의미.

역지사지(易之思之) 남의 처지를 자기 처지로 바꾸어 생각함.

연목구어(緣木求魚) 안 될 일을 하려 드는 우매함의 비유.

오리무중(五里霧中) 어떤 일에 갈피를 잡지 못함의 비유.

오비이락(烏飛梨落) 우연한 일치로 남의 의심을 받게 됨의 비유.

오월동주(吳越同舟) 원수끼리라도 이익을 위해서 같이 일함.

오합지졸(烏合之卒) 갑자기 모인 훈련이 안 된 형편 없는 군사.

온고지신(溫故知新) 옛 것을 익히고 새 것을 앎.

와신상담(臥薪嘗膽) 원수를 갚기 위해 온갖 고생을 다 참아낸다는 뜻.

요산요수(樂山樂水) 산수의 경치를 좋아함의 일컬음.

용두사미(龍頭蛇尾) 처음엔 성(盛)하나 끝이 부진한 형상의 비유.

용사비등(龍蛇飛騰) 용과 뱀이 움직이듯이 글씨가 힘차고 활기있는 필력.

우후죽순(雨後竹筍) 어떤 일이 한때 많이 일어남의 비유.

운상기품(雲上氣稟) 속됨을 벗어난 고상한 기질과 성품.

유방백세(遺芳百世) 꽃다운 이름이 후세에 길이 전함.

유아독존(唯我獨尊) 이 세상에 자신보다 더 높은 것이 없다는 뜻.

유야무야(有耶無耶) 결과가 분명치 않고 흐리멍덩함.

은인자중(隱忍自重) 마음속에 감추어 참고 견디면서 신중하게 행동함.

이심전심(以心傳心) 마음에서 마음으로 전해짐.

인순고식(因循姑息) 구습을 고치지 않고 목전의 편안만 취함.

일망타진(一網打盡) 한꺼번에 모조리 잡아 내는 일.

일면여구(一面如舊) 한 번 만나 보고 옛 친구처럼 친해짐.

일사천리(一瀉千里) 사물이 지체 없이 진행되어 가는 일.

일일여삼추(一日如三秋) 만날 일이 간절하여 하루가 삼년 같이 길게 여겨짐.

일장춘몽(一場春夢) 인생의 영화는 꿈처럼 헛됨의 비유.

일조일석(一朝一夕) 하루 아침하루 저녁이란 뜻으로 짧은 시간의 비유.

일필휘지(一筆揮之) 한숨에 흥취있고 줄기차게 글씨를 써 내림.

일취월장(日就月將) 날마다 달마다 다 커져 발전해 감.

임전무퇴(臨戰無退) 싸움에 나가 물러가지 않음.

「ㅈ」

자가당착(自家撞着) 같은 사람의 문장이나 언행의 모순됨의 비유.

자강불식(自强不息) 스스로 힘써 쉬지 않음.

자승자박(自繩自縛) 자신의 언행으로 말미암아, 스스로 얽혀 들어 감.

자화자찬(自畵自讚) 자기의 한 일을 스스로 칭찬함.

재자가인(才子佳人) 재주 많은 젊은 남자와 아름다운 여자.

적반하장(賊反荷杖) 잘못한 사람이 도리어 잘한 사람을 나무라는 경우에 쓰는 말.

전전긍긍(戰戰兢兢) 몹시 두려워 조심함.

절장보단(絶長補短) 잘 되거나 넉넉한 부분에서 못되거나 부족함을 보충함.

절차탁마(切磋琢磨) 학문과 덕행을 닦음의 비유.

정문일침(頂門一鍼) 따끔한 충고를 이르는 말.

제세지재(濟世之才) 세상을 구제할 만한 인재.

조강지처(糟糠之妻) 가난한 때고통을 참아낸 아내란 뜻으로 본처를 말함.

조령모개(朝令暮改) 법을 자주 고치거나 바꿔 질정(質定)하기가 어려움.

조삼모사(朝三暮四) 간사한 꾀로 사람을 속여 희롱함을 말함.

주마간산(走馬看山) 바빠서 자세히 살피지 못하고 지나침.

주지육림(酒池肉林) 호사를 극한 굉장한 술잔치의 비유.

죽마고우(竹馬故友) 어릴 때부터 사귄 친한 친구.

중과부적(衆寡不敵) 적은 수효로 많은 수효를 대적할 수 없음.

진퇴유곡(進退維谷) 앞뒤가 막혀 빠져 나갈 수 없고 궁지에 빠짐의 비유.

「ㅊ」

창해일속(滄海一粟) 크고 너른 가운데 아주 적은 것의 비유.

천석고황(泉石膏肓) 못고칠 병처럼 굳어진 자연에의 깊은, 사랑.

천의무봉(天衣無縫) 완전 무결하여 흠이 없음을 이름.

천인단애(千仞斷崖) 천길이나 되는 깎아지른 듯한 벼랑.

천재일우(千載一遇) 좀처럼 있을 수 없는 좋은 기회.

천진난만(天眞爛漫) 꾸밈이나 거짓이 없는 천성 그대로의 행동.

청출어람(靑出於藍) 제자가 스승보다 나을 때의 비유.

초미지급(焦眉之急) 위급하고 급한 일을 당함의 비유.

촌철살인(寸鐵殺人) 짧은 경귀(警句)로 어떤 일의 급소를 찔러, 사람을 감동시킴의 비유.

치지도외(置之度外) 내 버려 두고 아예 상대를 않음.

침소봉대(針小棒大) 적은 것을 크게 과장해서 말함.

「ㅋ」

쾌인쾌사(快人快事) 시원스런 사람의 시원한 행동.

「ㅌ」

타산지석(他山之石)、 다른 사람의 하찮은 언행일지라도 자신의 지덕을 연마하는데 도움이 됨의 비유.

토매인우(土昧人遇) 야만인의 대우.

「ㅍ」

파죽지세(破竹之勢) 대적을 물리치고 쳐들어가는 당당한 기세.

풍수지탄(風樹之嘆) 부모가 세상을 떠나 효도를 할 수 없음을 한탄한다는 말.

풍전등화(風前燈火) 매우 위급한 일에 봉착, 사물의 덧없음을 가리키는 말.

풍타낭타(風打浪打) 일정한 주의 주장이 없고 그저 대세에 따라 행동함의 비유.

피리춘추(皮裏春秋) 사람마다 마음속에 각각 속셈과 분별력이 있음의 비유.

피발좌임(被髮左衽) 미개한 나라의 풍속을 일컬음.

필부필부(匹夫匹婦) 평범한 남녀

「ㅎ」

한중진미(閑中眞味) 한가한 가운데 깃드는 참다운 맛.

함포고복(含哺鼓腹) 배불리 먹고 배를 치며 즐김.

허심탄회(虛心坦懷) 아무 꺼리낌 없이 터 놓고 말함.

허장성세(虛張聲勢) 헛소문과 허세를 떠벌임. 실속은 없이

형설지공(螢雪之功) 고생을 하면서 공부하여 얻은 보람.

호구지책(糊口之策) 그저 먹고 살아 나가는 방법.

호미난방(虎尾難放) 위험한 일에 손을 댔다가 이러지도 저러지도 못하는 어려운 지경의 비유.

호발부동(毫髮不動) 꼼짝도 않고 움직이지 아니함.

호부견자(虎父犬子) 아버지는 잘 났어도 자식이 덜 된 것의 비유.

호사난상(胡思亂想) 매우 엉클어져 어수선하게 생각함.

호사다마(好事多魔) 좋은 일에는 마가 되는 것이 낌.

호사유피(虎死留皮) 호랑이가 죽어 가죽을 남기듯 사람도 죽어서 이름을 남기라는 말의 비유.

호생오사(好生惡死) 살기를 바라고 죽기를 싫어하는 일.

호승지벽(好勝之癖) 남과 겨루어 서 꼭 이겨야 직성이 풀리는 성벽.

호시탐탐(虎視眈眈) 기회를 노리고 조용히 정세를 관망함의 비유

호연지기(浩然之氣) 천지에 가득 차도록 넓고 큰 원기.

호천망극(昊天罔極) 어버이의 은혜가 하늘처럼 크고 다 함이 없음.

호한식호한(好漢識好漢) 영웅이라야 영웅을 알아 본다는 말.

호행난주(胡行亂走) 함부로 날뛰며 이리저리 돌아다님.

호홀지간(毫忽之間) 털끝만큼 틀리는 지극히 짧은 시간.

혹세무민(惑世誣民) 사람을 속여 미혹시키고 세상을 어지럽힘.

혹어후처(惑於後妻) 후처에게 빠져 반해 버림.

혼비백산(魂飛魄散) 몹시 놀라 어쩔줄을 모르는 경향.

혼승백강(魂昇魄降) 죽은 이의 넋은 하늘로 올라가고 몸뚱이는 땅속으로 들어간다는 말.

혼연일체(渾然一體) 조그만 차이나 흐트러짐이 없이 한 몸이 됨.

혼연천성(渾然天成) 아주 쉽게 일이 저절로 이루어짐.

혼정신성(昏定晨省) 조석으로 부모의 안부를 묻고 지성으로 돌봐 드림.

홀왕홀래(忽往忽來) 홀연히 가고 홀연히 옴.

홀지풍파(忽地風波) 갑자기 일어 나는 풍파.

홍로점설(紅爐點雪) 큰 일을 함에 있어 힘이 비교할 수 없이 적어 아무런 보람을 얻을 수 없는 일.

홍익인간(弘益人間) 널리 인간 세계를 이롭게 한다는 뜻.

홍진세계(紅塵世界) 어지럽고 속된 이 세상을 가리키는 말.

화광동진(和光同塵) 스스로 자신의 지덕인 빛을 감추고 드러내지 않는 일.

화룡점정(畵龍點睛) 사물의 가장 요긴한 곳. 또는 어떤 일의 제일 중요한 부분을 끝내어 완성시킴의 비유.

화복무문(禍福無門) 화복은 운명

적으로 오는 것이 아니라 스스로 선행을 하고 악행을 함에 따라 받는다는 말。

화사첨족(畵蛇添足) 쓸모 없는 군일을 하다가 도리어 실패함의 비유。

화왕지절(火旺之節) 오행(五行)에서 화기(火氣)가 왕성한 절기。여름。

화용월태(花容月態) 아름다운 여자의 고운 용태를 이르는 말。

화이부동(和而不同) 남과 사이좋게 지내기는 하나 무턱대고 한데 어울리지 않는 일。

화전충화(花田衝火) 꽃밭에 불지른다는 뜻으로 젊은이의 앞길을 막거나 그르침의 비유。

화풍난양(和風暖陽) 화창한 바람과 따스한 햇볕。

확호불발(確乎不拔) 매우 든든하고 굳세어 흔들리지 아니함。

확휘건단(廓揮乾斷) 과단성 있게 정치를 해나감。

환고일세(環顧一世) 세상에 유능한 인물이 없음을 탄식하여 하는 말。

환골탈태(換骨奪胎) 딴 사람이 된 듯 용모가 환하게 트이고 아름다와짐。

환과고독(鰥寡孤獨) 늙고 아내가 없는 사람。늙고 남편이 없는 사람。어리며 부모가 없는 아이。늙어 자식이 없는 사람의 일컬음。

환난상구(患難相救) 근심과 재앙을 서로 구하여 줌。

환득환실(患得患失) 얻기 전에는 얻으려고 걱정하고 얻고 난 뒤에는 잃을까 걱정함。

환여평석(歡如平昔) 원한을 버리고 옛 정을 다시 회복함。

환연빙석(渙然氷釋) 얼음이 녹듯이 의혹이 차차 풀리어 없어짐。

환호작약(歡呼雀躍) 기쁨에 벅차 소리치며 날뜀。

활인적덕(活人積德) 사람의 목숨을 살리어 음덕을 쌓음。

황당무계(荒唐無稽) 언행(言行)이 허황하여 믿어운 데가 없는 것。

황진만장(黃塵萬丈) 누런 먼지가 바람에 날려 하늘 높이 치솟는 모양。

회과자책(悔過自責) 허물을 뉘우치고 스스로 책망함。

회심지우(會心之友) 심기(心氣)가 맞는 벗。

회심향도(回心向道) 마음을 돌려 바른 길로 들어섬。

회자정리(會者定離) 만나는 자는 반드시 헤어질 운명에 있음。

횡경문난(橫經問難) 경서를 옆에 끼고 다니며 난해한 것을 물음。

횡초지공(橫草之功) 싸움터에 나가 산야를 달리며 용감하게 싸운 공로。

후생가외(後生可畏) 후배가 부지런히 학문에 열중하면 선배를 능가할 수 있으므로 후배를 두렵게 생각한다는 말。

흥진비래(興盡悲來) 즐거운 일이 지나가면 슬픈 일이 닥쳐 온다는 뜻으로 세상사의 돌고 도는 순환을 가리킴。